李学勤　罗哲文　俞伟超　曾宪通　彭卿云

共产党抗日救国

李　默／主编

中华文明是人类历史上最伟大的文明之一，是人类文明发展的主要构成。中华文明丰富、深刻、辉煌、博大，在人类文明中的骨干作用和领导作用为人所共知。在人类文明的发源时期，中华文明就是四大古文明之一，是地球上文化的策源地之一。

广东旅游出版社
GUANGDONG TRAVEL & TOURISM PRESS
悦读书 · 悦旅行 · 悦事人生

中国 · 广州

图书在版编目（CIP）数据

共产党抗日救国 / 李默主编 . —— 广州 : 广东旅游
出版社 , 2013.1（2024.8 重印）
ISBN 978-7-80766-449-9

Ⅰ . ①共… Ⅱ . ①李… Ⅲ . ①中国共产党—抗日战争
—史料 Ⅳ . ① K265.106

中国版本图书馆 CIP 数据核字 (2012) 第 291283 号

出 版 人：刘志松
总 策 划：李 默
责任编辑：张晶晶 黎 娜
装帧设计：盛世书香工作室 腾飞文化
责任校对：李瑞苑
责任技编：冼志良

共产党抗日救国
GONG CHAN DANG KANG RI JIU GUO

广东旅游出版社出版发行

（广东省广州市荔湾区沙面北街 71 号首、二层）
邮编：510130
电话：020-87347732（总编室） 020-87348887（销售热线）
投稿邮箱：2026542779@qq.com
印刷：三河市嵩川印刷有限公司
　　　（河北省廊坊市三河市杨庄镇肖庄子村）
开本：650×920mm 16 开
字数：105 千字
印张：10
版次：2013 年 1 月第 1 版
印次：2024 年 8 月第 3 次印刷
定价：45.80 元

出版者识

《历史的记忆》是一部全景式图文并茂记录中国文明历史的大书。出版者穷数年之力，会集各方力量——专家、学者、编辑、学术顾问们，在浩如烟海的历史档案、资料、著作中，探珍问宝，追寻中华文明在悠悠历史长河中的灿烂之光。此书的出版，凝聚了编撰者的心血，学术顾问们的智慧。尤其是李学勤先生，亲自动笔写下了序言，更增加了本书沉甸甸的分量。

中华文明的历史充满了辉煌与苦难，成就和挫折。它的历史无处不在，决定着我们中国人今天的思想和感情。当今的中国和中国人是中华文明的历史造就的，是中华文明的历史的延伸，也是它的一个组成部分，中华文明的历史之河奔流到现在。

中华文明是人类历史上最伟大的文明之一，是人类文明发展的主要构成。中华文明丰富、深刻、辉煌、博大，在人类文明中的骨干作用和领导作用人所共知。在人类文明的发源时期，中国就是四大古国之一，是地球上文化的策源地之一。在人类文明的早期，中华文明成为文明在东方的支柱，公元前后200年间，人类的汉帝国与罗马帝国这两只铁手攫住了地球。在欧洲进入中世纪的时候，中华文明更成为人类文明最主要的领导，它的文明统治东亚，传遍世界。进入近代，中华文明处于自身的重压和西方的欺凌下，但中国人民的斗争史和奋起精神是人类文明历史中不可缺少的一页。

五千年的中华文明为人类贡献出了从思想家孔子到科学技术的四大发明、从唐诗宋词到长城运河的伟大创造，贡献出了从诸子百家到宋明理学，从商周铜器到明清文学的深刻内涵，也贡献出了从五霸七强到三国纷争、从文景之治到十大武功的辉煌历史。中华文明的历史绚烂多彩，在人类文明的历史长河中永放光芒。

中华文明也是人类历史上最独特的文明，没有哪一个文明像中华文明这样持久，这样统一一致。世界上其他文明不但互相交错，其创造者也都与高加索体质的人种有关，它们是姐妹文明。在人类历史中，只有中华文明才是独特的，它的创造者是中国土地上的中国人民，与其他任何地方的人民都没有关系，它的文化是统一一致的文化，可以不依赖于其他任何文明而生存，但中华文明也绝不是封闭的，它接受他人的文化，也承担自己对于人类的责任。

人类进入新世纪，中国的社会经济发展令世人瞩目。人们对于世界未来的政治和经济结构的估计无不以东亚和太平洋为中心，而尤以中国为重点。

经济起飞只是当代中国的一个方面，中国的精神文明的建设尤为刻不容缓。如果中国要自觉地发展中华文明，要有意识地使中国的发展具有世界意义，就必须发展强有力的精神文化，这样才能使中华文明的发展进入一个新的阶段，才能形成中国和中华文明的全面现代化。

而中国的精神文化的发展植根于中华文明的伟大传统之中。进入近代之后，在西方文化的冲击下，对于中国文化的价值产生大量的情绪化和激烈冲突的论调。"五四"运动打倒孔家店的口号具有冲破封建束缚的时代意义，对中国文化的发展有不容否认的正面意义，与文化虚无主义是完全不同的。文化虚无主义者否定中国传统文化，在现代化的旗帜下主张全盘西化；而复古主义则沉迷于中国文化的古董，走进反进步、反科学的泥潭。

历史的发展则超越了所有这些论点，产生这些论调的一百多年来的中国近代史已经结束。历史要求中国发展，要求中国走在全世界发展的前列。西化论和复古论都已过时，历史已经要求世界超越西方，中国可以承担起世界的命运，而中国的现实和世界的历史都说明，中国的使命在于它的发展前进，而非倒退。

中华文明走出迷惘的时代，我们这一代处在一个伟大而具有挑战的历史阶段。

总结历史、展望未来，这就是《历史的记忆》的意义和使命。我们创作《历史的记忆》，力求总结和回顾中华文明的全貌，在内容和形式上都开创一个新的局面。在内容结构上，既具有一定的深度，又具有相当的广博性，既有严谨、准确的学术价值，又有活泼、流畅的可读性。我们在本丛书内容纳了中华文明的各个方面，使它综合了大规模学术著作的系统性、严密性和普及读物的全面性、简易性，它既可作为大型工具书检索中华文明的各个成分，又可作为通俗的读物进行浏览。

我们从上世纪 90 年代初起就开始思考中华文明的历史和现实问题，并逐渐形成了编著《历史的记忆》的设想。在开展这项庞大的文化工程之始，我们就聘请了国内权威学者李学勤、罗哲文、俞伟超、曾宪通、彭卿云诸先生担任学术顾问，他们对计划作了充分讨论，并审阅了大量初稿。我们聘请了广州、香港地区的社会科学学者、大学教师、研究生以及我社编辑人员几十人担任稿件的撰写工作。

通过创作这部书，我们深深地感受到了中华文明的博大精深，也感受到了它的内在缺陷。中华文明具有辉煌的时期，也有苦难的年代，有它灿烂的成就，也有其不足的方面。中华文明在自身中能够吸取充分的经验和教训，就能够使自身健康壮大，成长发展。

通过创作这部书，我们也深深感受到了出版事业的使命和重任。我们希望这部书能受到广大读者的喜爱，起到它所应当起的作用。为中华文明的反省、前进和奋起作一点贡献。

目 录

民
国

卢沟桥事变爆发·全面抗战开始

　　1937年7月7日，日军进攻卢沟桥，驻守卢沟桥的中国军队第29军吉星文团坚守阵地，击退日军，史称"卢沟桥事变"。从此揭开了中国全面抗战的序幕。

宛平城守军闻日军侵犯，紧急出城赴战。

1937年春，中国军队第29军高级将领在北平举行军事会议后合影。前排右起：石友三、刘汝明、宋哲元、张自忠、张维藩。后排右起：佟麟阁、赵登禹、冯治安、郑大章。

　　卢沟桥横跨永定河，属河北省宛平县管辖，距北平仅30里，是捍卫北平的屏障。驻守在平津一带的中国军队是第29军，总兵力约有10万人。

　　7月7日夜10时，驻丰台日军河边旅团第一联队第三大队第八中队，由中队长清水节郎率领，在卢沟桥以北地区举行以攻取卢沟桥为假想目标的军事演习。11时许，日军诡称演习时一士兵离队失踪，要求进城搜查。在遭到中国驻军第29军第37师219团团长吉星文的严词拒绝后，日军迅即包围宛平县城。翌晨2时，第29军副军长兼北平市长秦德纯为防止事态扩大，经与日方商定，双方派员前往调查。

　　但日军趁交涉之际，于8日晨4时50分，向宛平县城猛烈攻击，并强占宛平东北沙岗，打

响了攻城第一枪。中国守军忍无可忍，奋起还击。日军在同一天内，连续进攻宛平城三次，均遭中国守军的英勇抵抗。

日本帝国主义为了实现其征服中国的计划，于1937年7月7日在北平西南的卢沟桥进行武装挑衅，并由此发动大规模的侵华战争。

日本的侵略激起中国人民的无比愤慨，促使爱国的各种政治势力团结御侮，共赴国难。驻守平津的中国二十九军官兵奋起抗战。中国共产党发出通电，号召"全中国人民、政府和军队团结起来"，抵抗日本的侵略。国民政府军事委员会委员长蒋介石一面密令军队北上增援，一面在庐

进攻卢沟桥的日军魁首牟田口廉也（左2）。

守卫卢沟桥的战士在掩体后面准备战斗

山发表谈话，表示事变的任何解决，都不得侵害中国主权与领土完整，否则只有抗战到底。国民政府的抗日决策，得到全国人民的拥护和支持。政府虽表明应战决心，但仍幻想英、美列强出面干涉。

29军因孤军奋战失利，平津终被日军占领。日本侵略者又于8月13日侵犯上海。蒋介石下达全国总动员令。淞沪地区的70余万中国军队奋勇抵抗达3个月之久。日军以死伤5万人的代价于11月初攻占上海。中国军民损失惨重，但使日本3个月内灭亡中国的梦想破灭。

由于日本侵华战争的迅速扩大，造成中华民族的严重危机。国民政府召开国防最高会议，决定以军事委员会为抗战最高统帅部，蒋介石出任陆海空军大元帅。另设国防参议会，以各党派的领导人和社会名流为参议员。军事委员会将全国划分为五个战区，颁布战争指导及作战指导计划。蒋介石、阎锡山、冯玉祥、何应钦、李宗仁分别担任各战区司令长官。经过国共两党谈

判，国民党在政治方面作出若干改革的许诺，承认了中国共产党的合法地位，并释放了政治犯。

9月22日、23日，以国共两党合作为基础的抗日民族统一战线正式形成。22日，国民党中央通讯社发表《中国共产党为公布国共合作宣言》。23日，蒋介石发表《对中国共产党宣言的谈话》，承认中国共产党的合法地位。国共两党合作关系正式建立。

抗战开始不久，中国共产党即公布了《抗日救国十大纲领》，阐明动员全国人民实行全面抗战的主张，并派周恩来、朱德、叶剑英等人参加国防最高会议和国防参议会。为了表示共御外侮的决心和诚意，共产党宣布取消中华苏维埃政府名称并停止土地革命，成立陕甘宁边区政府，红军改编为国民革命军第八路军（总指挥朱德、副总指挥彭德怀，下辖三个师，共4万余人）和陆军

第29军第110旅219团团长吉星文，率部在卢沟桥与日军激战23天，歼敌千余人。

新编第四军（军长叶挺），相继奔赴抗日前线。第二次国共合作的形成，对抗日战争的胜利起了决定性的作用，为中国革命开辟了新纪元。

日军发动"八·一三"事变·淞沪会战爆发

1937年8月13日，日军在上海发动"八·一三"事变，淞沪会战开始。

日本侵略者在进攻华北的同时，又制造"虹桥事件"作为藉口，策划进攻上海。

上海是我国当时首都南京的门户，又是我国的经济中心和重要工业基地。日本军国主义者为了打击中国人民持久抗战的信心和能力，企图在挑起事端后，于上海及其外围地区与中国军队的主力决战，速战速胜，在短期内逼迫

我国政府订立城下之盟。我国政府限于1932年"一·二八"战役后签订的《淞沪停战协定》的规定，上海及其邻近地区不得驻扎中国军队，只能由保安团队及警察维持地方秩序。但为了积极备战，遂任命张治中将军为京沪警备司令，在苏州以中央军校野营办事处名义，主持京沪分区防御设施计划，构筑国防工事，铺设苏州至嘉兴的铁路。"七·七"事变后，又派正规军一个团化装成保安团，进驻上海虹桥机场，同时调集其他精锐，准备战事发生时先发制人，一举歼灭驻沪日军。

淞沪会战自1937年8月13日晨，日军以日租界和黄浦江上的军舰为基地，向闸北一带进行炮击，以我军奋起还击开始，至11月12日我军西撤结束。这次战役，日军以松井石根大将为总司令，先后投入陆、海、空军与特种兵部队近30万人，动用舰船130余艘、飞机400余架、战车300余辆，狂妄地宣称1个月内占领上海。我国先由冯玉祥、后由蒋中正（兼）任第3战区司令长官指挥，

侵占杨树浦的日军向上海市中心炮击，双方展开巷战。

中国第3战区司令长官冯玉祥（右）与淞沪警备司令张治中在一起研究作战方案。

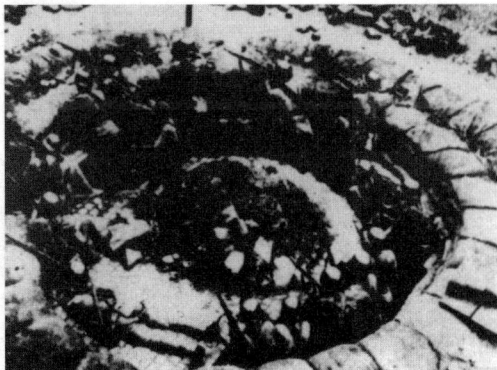

1937年8月13日，日军进攻上海。上海守军发动淞沪之役，试图围歼上海日本驻军。图为上海中国军队的圆形工事。

日机轰炸闸北，大火弥漫整个上海市区。

下设左翼军（总司令陈诚）、中央军（总司令张治中、朱绍良）、右翼军（总司令张发奎），先后调集中央部队，广东、广西、湖南、四川、贵州、云南等地部队和税警总团，中央军校教导总队，以及部分省市保安总队，总计兵力约70余师，奋勇迎战。战争一开始，我军采取进攻态势，猛烈攻击日军在沪据点，压迫敌军滞于黄浦江左岸狭隘地区，予敌重创。8月下旬，日军大批援军在吴淞、川沙登陆，我军在宝山、月浦、罗店、浏河等地与日军反复争夺阵地。至9月17日，我军退守北站、江湾、庙行、罗店、双草墩一线，坚持防御。直至11月5日，日军在杭州湾北岸的金公亭、金山嘴等地登陆，对我上海阵地的侧背进行远后方的迂回，我军才被迫于11月9日开始从上海周围撤退。至12日，上海除租界"孤岛"外，全部沦陷。在历时3个月的淞沪抗战中，我广大官兵在上海人民和全国同胞的支持下，同仇敌忾，斗志昂扬，以劣势装备和血肉之躯，冒着敌人现代化装备和陆、海、空联合作战的猛烈炮火，前仆后继，奋力拼搏，所表现的爱国主义精神，撼天地，泣鬼神！

淞沪会战挫败了日军中央突破、速战速胜的战略意图，迫使日军在华北战场上转攻为守，在青岛地区暂停军事行动，打乱了日本军国主

1937年8月28日，日机轰炸上海南站，炸死200余人，伤者不计其数。

义者侵华的全盘计划，粉碎了他们3个月灭亡中国的迷梦。它是我国局部抗战转向全面抗战的历史转折点，在国际反法西斯斗争中占有极其重要的地位。这次战役，日军伤亡6万多人，被我击毁、击伤飞机200多架，舰船20余艘。中国军队的牺牲精神和战斗能力，赢得了各国军事观察家的高度评价。但是，我军以落后的武器死守被日军优势火力控制的战线，加上指挥失当，伤亡重大，有10多万将士献出了宝贵生命。

淞沪会战，一寸山河一寸血！

八路军成立·奔赴抗日前线

1937年8月25日，中共中央发布了改红军为八路军的命令。命令说：南京已经开始对日抗战，国共两党合作初步成功。为着实现中共中央给国民党三中全会红军改名之保证，推动这一抗战成为全民族的抗日革命战争，我们宣布红军改名为国民革命军第八路军。

八路军部分指挥员在黄河渡船上。从右到左为：邓小平、朱德、任弼时、左权。

前总指挥部改为第八路总指挥部，以朱德为总指挥，彭德怀为副总指挥，叶剑英为参谋长，左权为副参谋长。总政治部改为第八路政治部，以任弼时为主任，邓小平为副主任。第一军团、十五军团及七十四师合编为陆军第一一五师，以林彪为该师师长，聂荣臻为副师长；二方面军二十七军、

八路军115师开赴抗日前线

红军主力改编为国民革命军第八路军（后改称第18集团军）后，举行抗日誓师大会。

八路军总司令朱德在太行山。

二十八军、独立第一、第二两师及赤水警卫营、前总直之一部等部，合编为陆军第一二〇师，以贺龙为师长，肖克为副师长；四方面军二十九军、三十军、陕甘宁独立第一、第二、第三、第四团等部，改编为陆军第一二九师，以刘伯承为师长，徐向前为副师长，以上各部改编后，人员委任照前总命令行之。

八路军成立后，即东渡黄河、奔赴抗日前线。9月25日，八路军在平型关大捷。

11月起，八路军、新四军各部队向敌后实行战略展开，创建敌后抗日根据地。

八路军第一一五师一部在聂荣臻率领下，以晋东北恒山地区为中心，开辟晋察冀抗日根据地；第一二〇师进入管涔山脉，创建晋西北抗日根据地；第一一五师主力转入晋西南，开创晋西南抗日根据地；第一二九师进入以太行山区为依托的晋东南地区，开始创建晋冀豫抗日根据地。

山东全省在中共山东省委发动下，相继有十几个地区爆发武装起义，先后建立了鲁南、鲁中、鲁北和胶东抗日根据地。

在华中，新四军指挥各部挺进长江南北，发动群众，开展游击战争，创建苏南、皖中、豫皖边区抗日根据地。

1938年7月1日，朱德在《解放》周刊第四十三、第四十四期合刊上发表《八路军抗战的一周年》一文，指出：八路军一年来已在晋西北、晋绥边、晋东北、

八路军 120 师师长贺龙

八路军 129 师师长刘伯承

八路军 115 师师长林彪

冀察晋边、晋东南、冀鲁豫边等地建立了战略支点，并依托这些战略支点向前发展，东面已跨过平汉线，东北面已达北平附近的门头沟、昌平、丰台等地，北面已靠近平绥路，深入了敌人深远的后方和交通枢纽。

7月7日，武汉《新华日报》发表叶剑英的《八路军在晋绥冀察的一年》的文章，指出八路军参战 10 个月来同日伪军进行大小战斗 638 次，估计敌军伤亡 3.4 万人以上，俘日伪军 2094 人，缴获步、马枪 6487 支，我军伤亡 20020 名。在广大人民群众的支援下，敌后游击战争得到了发展，有力地打击了日军。

平型关战斗·八路军大捷

1937 年 9 月 25 日，八路军在平型关大捷，振奋全国。

在此之前，中日在平型关附近展开了多次战斗。

9 月 11 日，日军进至河北蔚县附近，以一部南向涞源，一部西向山西灵丘进击。归属第二战区的第十七军及第七十三师与日军鏖战，逐步西撤至平型关一线。

平型关战斗中的八路军第 115 师指挥所

平型关战斗中，八路军与敌展开肉搏战

22日黄昏，日军第二十一旅团向平型关进攻，被第七十三师击退。翌日，日军再度向平型关、团城口一线进攻。平型关守军第七十三师、第八十四师独立第八旅诸部，与日军展开血战。

为配合第二战区友军防守平型关至茹越口和雁门关的内长城一线，八路军总部令第一一五师进至平型关以西之大营镇待机。林彪、聂荣臻等决心抓住日军骄横、疏于戒备的弱点，利用平型关东北的狭窄谷道伏击歼敌。23日夜，第一一五师师部进至平型关以东之冉庄、东长城村地域。

25日拂晓，日军第五师团第二十一旅团一部及大批辎重车辆，沿灵丘至平型关公路西进。7时许，全部进入第一一五师之伏击圈。第一一五师乘机全线突然开火，予敌以大量杀伤，并发起冲锋。日军第五师团长板垣征四郎急从蔚县、涞源调兵增援，被第一一五师独立团、骑兵营阻击于灵丘以北及以东地区，并于腰站毙伤其300余人。战斗持续到13时，被围之日军全部被歼。

此役，第一一五师共歼日军1000余人，缴获步枪1000余支、机枪20余挺，击毁汽车100余辆、马车200余辆，我军伤亡600余人。

平型关大捷，振奋全国，各地纷纷电贺。26日，蒋介石特电朱德、彭德怀，称："二十五日一战，歼敌如麻，足证官兵用命，深堪嘉慰。"

月底，日军为报复平型关之失败，共屠杀灵丘城内和城关老百姓400余人。此次惨无人道的大屠杀一直持续了一个月，日军共杀害灵丘城内外索然无辜群众2100余人。

中日忻口、太原会战

1937年9月初，大同失守，日军企图从山西北部南下，直取太原，以控制晋绥。中国第2战区司令长官阎锡山部署部队，凭藉长城天险，阻止日军深入。9月22日，日军第5师团第21旅团由灵丘南下，开始进攻平型关。我第33

军73师和84师及傅作义所率预备队协同抵抗。至9月24日，双方伤亡惨重，日军虽有增援，正面攻击仍未得逞。这时向平型关以东日军出击的八路军115师，由平型关正面防御部队配合，迅速地在平型关东北10多公里的公路两侧高地冒雨设伏。9月25日晨，敌板垣师团第21旅团进入预伏地区，我军突发猛攻，进行分割包围和白刃格斗，终日激战，歼敌1000余人，缴获大量辎重武器。这是中国抗战初期在华北取得的第一次歼敌大胜利。

日军在平型关受阻后，不得不改变计划，转攻茹越口。9月28日茹越口陷落，第2战区决定缩短战线，防守太原以北要地忻口。我方防守忻口地区的部队以刘茂恩指挥的第15、17、33

中国第94师指挥员在前沿阵地指挥作战

军为右翼兵团，王靖国指挥的第9、19、35、61军为中央兵团，李默庵指挥的第14军及66、71、85师为左翼兵团，以卫立煌为前敌总司令。日军板垣征四郎指挥的第5师团、关东军第1、第12旅团及特种部队攻陷崞县、原平后，于10月13日猛犯忻口。因忻口两侧为五台山区与宁武山区，故日军取中央突破战法，猛攻忻口西北侧我军阵地。我守军在南怀花、红沟与敌反覆鏖战，白刃肉搏，日以继夜，阵地多次失而复得，第9军军长郝梦龄、第54师师长刘家麒在红沟西北高地督战时殉国。忻口战役，双方角逐23天之久，消耗日军兵力2万余人，创下了华北战场大举歼敌的纪录。中国守军虽付出了重大牺牲，但破坏了日军河北平原会战的计划，又为我军主力实施战略转移，部署新的作战，争取了时间。11月初，日军沿正太铁路突破我军晋东防线，攻陷阳泉等地，太原告急。忻口前线我军于11月2日撤退。

忻口战役时，八路军在日军侧背牵制敌人，并派出许多游击队在敌人后方交通线上进行袭击。115师一部切断了平型关至张家口的运输线，120师几次占领雁门关，阻断日军后方交通，129师一部曾奇袭阳明堡机场，前后经大小战斗40余次，有力地支援了忻口正面的防御战。

忻口战役时，为掩护山西东侧背，由第 2 战区副司令长官黄绍竑 统一指挥第 26、27 路军、第 3 军及第 17 师防守娘子关，进行正太路防御战。守军与来犯日军血战了 10 天，被迫于 10 月 26 日撤退。其间，八路军第 129 师在娘子关至阳泉以南地区猛烈袭击西进日军，有力地迟滞了日军的行动。

11 月 7 日，日军围困太原，孤守大原城的部队仅第 35 军的 9 个营及独 1 旅、第 213 旅等部的 10 个多营，战斗竟日。翌日，日军在飞机、大炮支援下突破了城垣东北角及西北角。守军奋勇截击，将其击退。黄昏后，日军一部空降在城中大机场，并四处袭击。晚 9 时，守军由南门突围，太原城沦陷。

忻口、太原会战坚持了一个多月，是中国抗战初期抵抗最坚决、最持久、战绩显著的四大会战之一。

新四军建立

1937 年 10 月 13 日，国民革命军新编第四军（简称"新四军"）成立。抗战爆发后，国共两党就南方各省红军游击队改编问题举行了多次谈判。是日，国共两党达成协定，将在江西、福建、广东、

周恩来与新四军领导人合影

新四军军分会书记、副军长项英

新四军军长叶挺

湖南、湖北、河南、浙江、安徽等 8 省 13 个地区（琼崖除外）的红军游击队，改编为国民革命军陆军新编第四军。叶挺任军长，项英任副军长，张云逸任参谋长，周子昆任副参谋长，袁国平任政治部主任，邓子恢任副主任。下辖 4 个支队，陈毅、张鼎丞、张云逸、高敬亭分任 4 个支队的司令员。全军共 1 万余人，归属第三战区。

共产党抗日救国

南京保卫战开始

1937年"八·一三"淞沪抗战结束后，日军继续西犯南京，妄图以武力优势彻底摧毁我军战斗意志，迫使我军以最屈辱的条件讲和，早日"解决事变"。守卫南京的中华儿女，面对强敌，展开了一场短暂而又壮烈的民族自卫战。

11月8日，日军分路直逼南京；两路尾随我左翼部队沿沪宁线西进；两路沿太湖南岸向湖州集结，企图切断我军退路。

11月中旬，我军第23集团军刘湘部共5个师、两个独立旅奉命从四川千里迢迢赶赴广德、泗安、长兴一线，迎击侵略军。与此同时，第57军一部从河南直赴前线，该部第112师和上海撤下来的第103师奉命固守江阴，以江阴要塞为依托，阻敌继续西进。

川军刘湘部5个师集结在南京外围的广德、泗安间，与敌血战

11月30日，广德失守，日军向南京右侧背迂回，形成对南京东南至西南面的包围。12月1日，江阴要塞失守。4月，日军完成了对南京东面的包围。这样，南京的第1道防线——江宁、牛首山、淳化、汤山、龙潭之线已暴露在敌军面前。

我军自决定固守南京后，将在宁的教导总队、首都警备部队和由上海战场调回南京正在整补的第74、66、83军以及第87、88、36师编成卫戍军战斗序列，同时又命第2军团徐源泉部由湖北星夜兼程开赴南京。我军投入南京保卫战的总兵力共10余万人。在南京第一线阵地开战后，日军不继增加兵力向我猛扑，数以万计的炮弹、炸弹袭我军阵地。我军将士殊死抵抗，给敌人以重创。

日军围攻南京中华门

12月8日晚，卫戍司令长官唐生智下令第一线守军退守复廊、城垣阵地，继续抵抗。9日起，紫金山各要点、栖霞山、乌龙山、光华门、通济门、雨花台、中华门、水西门等地都激战终日。光华门城垣被敌军两次突入，但都被驻守在那里的教导总队谢承瑞团、第87师一部和第156师敢死队消灭。我军第87师第259旅旅长易安华殉国。敌军在光华门受挫，便于11日将主力集中到雨花台和中华门，并对该地区昼夜轰炸。我军第88师官兵英勇抵抗，旅长朱赤、高致嵩和团长韩宪元、李杰、华品章等身先士卒，壮烈牺牲。在南京保卫战牺牲的团以上指挥官还有：肖山令、饶国华、罗策群、姚中英、司徒非、李少霞、程智、罗熠斌、谢承瑞等。由于我军火力不足，战至12日暮，紫金山第二峰和各城门均告失守。唐生智向守城部队下达了突围和撤退的命令后，率先由下关渡江，造成了严重失控和极度壅塞局面。

在方圆数十里的南京展开的这场为期8天的战斗，敌我双方投入兵力达几十万，战况空前惨烈。我军守卫部队中大部分是入伍不久的新兵，在武器装备低劣的情况下，并没有被凶残强大的敌人所吓倒，为了祖国和民族的存亡，用鲜血在抗战史上写下了悲壮的一页。

日军南京大屠杀

1937年12月13日，日军侵占南京城，在日军司令官松井石根大将和第6师团师团长谷寿夫中将等法西斯分子的指挥下，对我手无寸铁的同胞进行了长达6周惨绝人寰的大规模屠杀。

13日晨，日军谷寿夫师团首先从中华门进入南京，血洗了聚集在中山北路、中央路的难民区，由此，一场惨绝人寰的大屠杀拉开了帷幕。次日，其他三个师团相继进入南京南北各市区，展开了大规模的屠杀。南京这座历史名都

陷入了历史上最黑暗的日子里。

　　13 日，约有十余万难民和被解除武装的中
国士兵，被日军围逼到燕子矶江边的沙滩上，
数十挺机枪疯狂扫射，顿时间，尸体蔽江，水
为不流，至少有 5 万余人惨遭杀害。14 日，
日军在汉西门外又集体屠杀难民和非武装军警
7000 余人，江岸，尸体纵横，血流成河，汇向
江流。15 日夜，被日军俘虏的南京军民 9000
余人，被押往上元门外鱼雷营江边，遭到集体
屠杀，除 9 人侥幸逃生外，余者全部遇难。16
日，日军在下关煤炭港，鼓楼四条巷一带屠杀
我无辜同胞数万人。17 日，日军在下关上元门
屠杀我同胞 3000 余人，在三叉河杀害四五百人。
18 日，日军在下关草鞋峡将我男女老幼同胞 5.7
万人集体残杀，"先用机枪扫射后，复用刺刀
乱戮，最后浇以煤油，纵火焚烧，骸骨悉数投
于江中"。在这前后，日军还在上新河一带残
杀中国被俘军人及难民 28730 人。到处尸骸遍
野，人血染地，南京成了一座血腥的人间地狱。

　　南京市崇善堂在难民区内组织了"崇字
掩埋队"，下设 4 个分队，从本月起，南自中
华门、通济门外，西自水西门外，东自中山门
外，城内自城南经鼓楼至挹江门以东，共收尸
112266 具。

　　世界红十字会南京分会从 12 月 22 日开始
收埋尸体，第一天在清凉山埋葬尸体 129 具，
在中华门外望江矶等处埋葬尸体 650 具。12
月 28 日，一次收殓 6468 具，埋葬在中华门
外普德寺，后来逐渐增加到 9721 具。他们的
工作陆续做到第二年夏天还没有完结，到 10

日军正待砍杀一个南京青年

被日军屠杀的中国人的尸体

一位遇害的中国人被日军割下头颅
挂在南京城外的铁丝网上

日军活埋中国南京的平民

大批青壮年被日军捆绑着押往
南京郊外集体屠杀

日军少尉向井、野田在南京紫金山下
进行杀人竞赛。日本《东京日日新闻》
对此津津乐道，称向井杀了106人，
野田杀了105人，他们还要以杀150个
中国人为目标比赛下去。

据战后国际法庭认定，日军侵入南京市内后的一个月中，
发生了约2万起的强奸案件。从10来岁的幼女到70岁
的老妇，不仅遭兽兵蹂躏，还遭到割乳、剖腹等凌虐。

月底，才把数字作一总结，共埋葬男女尸体
43071具。

中国红十字会掩埋尸体22300余具。

此外，日军也处理了大量尸体。据日本
南京碇泊场司令部少佐太田寿男交待，该司
令部于下关地区"处理掉"尸体10万具，
为此动用的船只有30只，卡车10部，负责
搬运尸体的士兵800人。

这场大屠杀，被杀者大多是工人、商人、
一般市民和农民，部分是放下武器的中国士
兵和警察。

这场大屠杀，不但肆虐在民房、店铺，
而且还血溅到宗教寺院和慈善机构，连慈悲
为怀的僧尼与清真教徒都不能幸免于难。

这场大屠杀，主要方式是集体枪杀和活
埋。侵略者以机枪扫射成百，成千，甚至上
万人，其间伴以步枪点射、刺刀捅戮，最后
焚尸灭迹。

这场大屠杀，日军甚至以"杀人竞赛"
的方式进行……

这场大屠杀，还伴
随着劫掠、纵火和奸杀
妇女，南京约三分之一
的建筑物和财产化为灰
烬，无数妇女惨遭强奸。

被日军奸淫的中国妇女
惨状

大后方和陪都重庆坚持抗战

1937 年 11 月，国民政府决定迁都四川重庆，由此开始了中国大后方历史上最为重要的时期。11 月 16 日，国民政府主席林森在南京登永丰舰启程赴渝。20 日，国民政府发表移驻重庆办公的宣言："国民政府兹为适应战况，统筹全局，长期抗战起见，本日移驻重庆。此后将以最大之规模，从事更持久之战斗。"陪都重庆，从此闻名于世界。

在整个抗日战争时期，云南、贵州、四川、西康（旧省名，包括今四川省西部及西藏自治区东部地区）、西藏、陕西、甘肃、宁夏、青海、新疆都处于战争的大后方，大批军政机关、文化团体、工厂企业、大中学校、新闻出版、科研单位相继内迁，一时人才荟萃，使原来较闭塞的大西南、大西北地区，特别是重庆，顿时成为我国战时的政治、军事、经济、文化和外交的中心。中国共产党也派代表常驻于重庆。许多有关抗战全局的重大决策和抗日民族统一战线的重要活动，都是在这里作出和展开的。

大后方的各族人民对取得抗日战争的完全胜利作出了重大贡献，也付出了巨大

宋蔼龄、宋庆龄、宋美龄三姐妹视察被炸的重庆市区。

1940 年 6 月 28 日，日机轰炸重庆时造成"防空壕大窒息惨案"，这是殉难同胞的部分遗体。

共产党抗日救国

抗战军人家属得到赠图

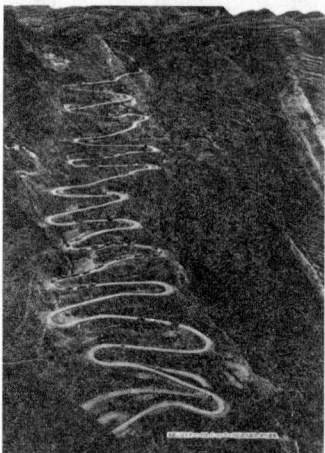

滇缅公路全长 953 公里，在 1938 年 8 月底建成通车，举世震惊。

重庆各界人士慰问抗战中负伤致残的荣誉军人。

牺牲。广大人民群众，特别是农民，节衣缩食，把儿女送上前线，鼓励他们英勇杀敌，其中仅四川一省，在抗战中就出壮丁 302 万人。在西南、西北地区开展的抗日救亡运动，更是全民响应，声势浩大，无数个团队，如"抗日宣传队"、"战地服务团"、"抗敌后援会"、"怒吼剧社"，甚至"孩子剧团"，纷纷成立起来，走向各地，奔赴前方，大后方新辟的著名的滇缅公路、驼峰航线以及兰新公路，还把中国人民的抗日战争和世界反法西斯的斗争直接联系在一起。

在这如火如荼的年月里，重庆成了日寇狂轰滥炸的重点。1938 年 12 月 26 日，日军第 60、第 98 两个轰炸机队从汉口出发轰炸重庆，这是连续大轰炸重庆的开始。1940 年 5 月 20 日，日机 70 架侵入重庆市上空，进行空前野蛮的、大规模的轰炸，炸弹和燃烧弹雨点般地落下，霎时间，整个市区成了烟山火海，市内自来水设施遭到严重破坏，使救火工作无法进行，大火蔓延，连续烧了七八天。经过这次轰炸，半个山城几遭毁灭。

据不完全统计，从 1938 年到 1943 年，侵入重庆市上空肆虐的日机共达 5000 多架次，投弹 11500 多枚，其中多数为燃烧弹，轰炸的目标都是居民区、繁华的商业区，还有学校、医院等非军事目标。重庆当时人口已达到 50 多万，其中从汉口、上海等地迁来的难民等有 30 万，因此，炸弹落处，血肉横飞，惨象环生。在日机的狂轰滥炸下，山城重庆成了大后方遭受损失最严重的城市。

　　但重庆是个不屈的城市，大后方人民也最终在反侵略战争必胜的信念下度过了最困难的时期。

毛泽东发表《论持久战》

　　1938 年 5 月 26 日，毛泽东在延安抗日战争研究会上作了《论持久战》的讲演。

　　他全面考察了抗日战争的发生和发展，指出：中日战争不是任何别的战争，在这场战争中，中日双方存在着互相矛盾的四个基本特点：第一，日本是个帝国主义强国，中国是个半殖民地半封建弱国；第二，日本的侵略战争是退步的、野蛮的，中国的反侵略战争是进步的、正义的；第三，日本战争力量虽强，但它是个小国，人力、军力、财力、物力均感缺乏，经不起长期的战争；第四，日本的非正义战争在国际上是失道寡助的，中国的正义战争却是得道多助的。第一个特点决定了日本的进攻能在中国横行一时，中国不能速胜，抗战要走一段艰难的历程。后三个特点决定了中国不会亡国，经过长期抗战，最终一定胜利。

1938 年 5 月，毛泽东发表《抗日游击战争的战略问题》和《论持久战》。图为毛泽东在延安窑洞撰写文章。

台儿庄大战中，中国军队发起攻击

　　《论持久战》预见到抗日战争将经过战略防御、战略相持和战略反攻三个阶段。在双方力量对比上，中国必将由劣势到平衡再到优势，而日本则必将从优势到平衡再到劣势。《论持久战》强调"兵民是胜利之本"、"战争的伟力之最深厚的根源，存在于民众之中"，抗战胜利的关键在于实行人民战争。

台儿庄大捷和徐州会战

李宗仁在台儿庄车站留影

1937年12月日军占领南京、济南以后，企图沿津浦线对进，南北夹击，会攻徐州，以便沟通南北战场，进而击破陇海路我军防线，夺取郑州，武汉等地。

我国以李宗仁为第5战区司令长官，指挥我军同日本侵略者在以徐州为中心的津浦路南北的广大地域上，展开了一场大会战。

徐州会战共有3个阶段。第一阶段是津浦路沿线的初期保卫战。这一阶段，日军以津浦线南段为主攻，北段为助攻，向徐州推进。我军李品仙部第十一集团军、廖磊部第二十一集团军、于学忠部第五十一军等奋勇作战，阻敌于淮河南岸，使日军南北不能配合。津浦路北段保卫战，原由第5战区副司令长官兼第三集团军总司令韩复榘指挥，但他违反战时军法，擅自撤退，致使日军沿线长驱直入，遂任命韩部孙桐萱为第三集团军总司令，指挥所属部队反击，孙震部第二十二集团军也急调增援，双方血战一个多月，形成对峙状态。

第二阶段即台儿庄大战。台儿庄，位于津浦路台枣（庄）支线及台潍（坊）公路的交叉点，扼运河的咽喉，是徐州的门户。日军由于前一阶段在津浦路南北的侵犯都无法进展，便改谋先攻下台儿庄，再围取徐州。1938年3月中旬，北线日军分左右两翼，向台儿庄进犯。左翼日军第5师团，自青岛崂山湾、福岛登陆后沿胶济路西进，以坂本支队向临沂猛攻。我军以庞炳勋第3军团第四十军马法五师等部坚守临沂，调张自忠第59军，于3月14日向日军侧翼反击。经数日激战，有效地阻击了敌人，使日军攻占临沂的企图终未得逞。

右翼日军第 10 师团濑谷支队沿津浦路南下，进攻滕县。我军第二十二集团军一百二十二师与敌血战两昼夜，师长王铭章以下大部殉国。日军在攻陷滕县后移军东向，沿枣台支线进攻台儿庄。3 月 23 日，日军开始猛攻台儿庄。我军第二集团军池峰城率三十一师官兵坚守台儿庄城寨，与敌炮火、坦克相拼，至死不退，后又加入二十七师等部，于城外与日军浴血近战，反覆肉搏冲锋，还组织敢死队夜袭。日军因第十师团伤亡惨重，便命临沂方向的败军第五师团坂本支队放弃进攻临沂，加入台儿庄方面作战，被我军击破。4 月 3 日，第五战区指挥汤恩伯部第二十军团由东向西、第二集团军由南向北、孙桐萱部第 3 集团军由北向南，大举反攻。日军遭我内外夹击，死伤枕藉，至 7 日夜，除小部突围逃跑外，大部被歼。此役，我军摧毁了日军第五、第十两个师团之精锐部队，歼灭日军 1 万余人，缴获了大批武器和装备，这是我国抗战以来正面战场取得的最重大的胜利。

徐州会战的第三阶段是我军主动突围。1938 年 4 月，日本大本营震惊于台儿庄战役的失败，调整部署，调集侵华华北方面军、华中派遣军共 30 万兵力，分 6 路对徐州进行四面合围。我军为了避免被优势

中国军队冲入台儿庄巷歼灭残敌

之敌围攻，摆脱不利态势，保存有生力量以利持久战，立即作出放弃徐州，向豫、皖边界突围的决定。我军各部队在各线予敌人相当杀伤之后，除留少部在苏北、鲁中和鲁南开展游击战争外，主力于 5 月 15 日向豫东、皖北转移。19 日，我军放弃了徐州，使日军聚歼我军主力的企图未能得逞。

蒋介石黄河花园口炸堤

1938 年日军攻占徐州后，准备集合南北两路兵力，夺取中原，进而占领武汉。为此，6 月 1 日，蒋介石在武汉召开最高军事会议，决定在豫东的战略撤退，同时指定商震第二十集团军负责开掘黄河大堤，阻止日军前进。4 日，

黄河决堤后，中原百姓在水中逃难

1937年4月，崔嵬（左）、张瑞芳演出抗日活报剧《放下你的鞭子》

商震派第五十二军一个团在河南省中牟县赵口掘黄河堤，水流不畅，未获成功。

6日，国民党新八师师长蒋在珍提出改在花园口另行掘堤，被采纳。蒋在珍在掘堤前，先把花园口一带的群众都赶到10里以外，然后密布岗哨，日夜轮流掘堤。6月9日上午9时许，蒋在珍部在花园口掘堤成功，河水奔腾而出，他们唯恐决口太小，急电薛岳调来两门平射炮及士兵一排，在一名连长带领下，连射六七十发炮弹，决口扩大至370米，全河改道。

汹涌的黄水居高临下，一泻千里，堤脚下的邵桥、史家堤、汪家堤和南崖四个村庄刹时被洪水冲毁，荡然无存。口门外刷成深13米、方圆2500多亩的深潭。洪水沿贾鲁河、颍河、涡河等河道向东南漫卷，由十几里扩展到一百多里宽，在人口稠密的大平原上横冲直撞，而后在正阳关至怀远段涌入淮河。黄水入淮后，又溢出两岸，继续泛滥。

据中央社等报道：滔滔大水，由中牟、白沙间向东南泛滥，水势所至，庐舍荡然，罹难民众，不知凡几。洪水所至，澎湃动地，呼号震天，其骇惨痛之状，实有未忍溯想。

行政院善后救济总署统计：河南、安徽和江苏3省44个县市因此受灾，3911354人外逃，893303人死亡，经济损失10.9176亿元。

中日武汉会战开始

1938年6月11日，侵华日军溯长江西上，进攻安庆，拉开了武汉会战的序幕。

武汉踞长江与汉水之间，是平汉、粤汉两铁路的衔接点，又是东西南北

水陆交通的枢纽，属我国的心脏腹地，战略地位十分重要。自南京失守后，这里成了全国政治、军事和经济、文化的中心。

日本侵略者认为只要攻占武汉，就可以控制中原，进而支配整个中国，因而企图迅速夺取武汉。1938年6月以后，中日双方在武汉外围展开了一场大战。日军以华中派遣军司令官畑俊六为总指挥，分兵5路（其中江南2路，江北3路）进犯，另派波田支队及海军陆战队协同海军第3舰队沿长江西上。我军为保卫武汉，在江南组成第一兵团（总司令薛岳）、第二兵团（总司令张发奎），归第九战区（8月由武汉卫戍总司令部扩编）司令长官陈诚指挥，依托幕阜山、九宫山、庐山等山脉构筑阵地防守；在江北，组成第三兵团（总司令孙连仲）、第四兵团（总司令李品仙），归第五战区司令长官李宗仁指挥，依托大别山、富金山等山脉构筑阵地防守；并在马当、湖口、武穴和田家镇等江防要塞设防。

1938年6月11日，日军溯长江西上，进攻安庆，拉开了武汉会战的序幕。7月26日，日军攻陷九江，我第二十九军团退守庐山两侧，奋勇抵抗，全歼日军第145联队。10月上旬，薛岳兵团又歼敌4个联队，挫败日军突破南浔路的企图。在长江以南、长江沿线和长江以北地带、皖西及豫东南等各战场，我军官兵，英勇抵抗了日军的进攻，在马当、瑞昌、万家岭、马头镇、田家镇、固始和商城等战斗中，我军与敌浴血奋战，反复肉搏，前仆后继，英勇事例，不胜枚举。但是，由于单纯防御，逐次使用兵力，在日军优势火力进攻下，死守的防线一再被攻破。至10月中、下旬，

武汉会战期间，中国军队击落的日机残骸。

武汉保卫战中，信阳中国军队向敌发射迫击炮。

万家岭战役中，中国军队阵地上的重机枪向敌扫射。

日军已逼近武汉。我军于 10 月 25 日撤出武汉，江北及鄂北的部队撤往平汉路以西的沙洋和随县一带，江南的部队沿粤汉路撤至岳阳以南。在武汉会战中，日军为切断华南方面的中国国际补给线，以 3 个师团，在海军和航空兵的配合下进犯广东，于 10 月 21 日侵占广州。

武汉会战期间，国共两党为了抵御民族大敌，相互合作，动员全民投入保卫大武汉的战斗；国际友人也云集武汉，给中国人民以道义上和物质上的重要支援。武汉会战历时 4 个半月，战线扩大到皖、豫、赣、鄂 4 省数千里地。日本倾其国力，集结了 14 个师团又 4 个旅团及航空兵团和海军各一部，超过 30 万兵力（不包括在华南使用的第二十一军和第 5 舰队）。我军相对列阵，动员部署 14 个集团军共 100 多个师及海空军一部，约 60 万兵力。这一战役，中日双方投入兵力之多，战线之长，时间之久，规模之大，是抗日战争中任何战役所不能比拟的。会战结束后，日军由于战线延长，兵力与资源不足，加上敌后抗日根据地的日益发展壮大，不得不放弃"速战速决"的企图，侵略者已深陷"泥潭"，抗日战争以后逐渐进入了相持阶段。

海军御敌

全面抗战开始，中国海军的广大官兵不畏强暴，争上战场，和陆、空军协同，与侵略者展开了英勇顽强的搏斗。

当时，日军凭借海上力量的绝对优势，以其第二、第三两大舰队的战列舰、巡洋舰、驱逐舰和第一、第二航空战队的母舰等 30 余艘，布置在舟山群岛和马鞍群岛附近，封锁长江口及其南北海

中国海军士兵

岸，切断我军海上交通，并以第三舰队的旗舰和第 8 巡洋舰队各舰侵入黄浦江，妄图迅速溯长江而上，配合其陆军水陆并进，南北合攻南京，从而一举摧毁我国政府的政治中心。

我海军当时仅有战舰和辅助舰船约 66 艘，总吨位 5 万余吨，与那时号称

世界海军第 3 强国的日本舰队总吨位 110 多万吨相比，远逊 20 倍。这支弱小的我海军的第一、第二舰队和练习舰队，隶属中央海军部，驻防于东海和长江一带，第三舰队归山东省政府管辖，驻防于渤海和胶州湾，第四舰队归广东省政府管辖，驻防于南海和珠江，还有一些舰艇直属于军政部，驻在长江。国民政府军事委员会鉴于敌我力量悬殊，采取避免与敌争锋在海上的战略，于是集中力量守卫长江，在黄浦江和长江上筑起一道道防线，发挥要塞威力，粉碎了敌舰溯长江西犯的计划，达到了消耗敌军力量和持久作战的目的。

海军御敌可分两个阶段：

第一阶段为阻塞和防御战，中经淞沪、江阴、马当、湖口、田家镇、葛店、金口诸战役，直到武汉会战。这个阶段，我海军阻塞上海港汊和长江江面，袭击日军旗舰"出云"号，策应淞沪作战，保卫京畿安全，掩护政府后移及物资西迁，并在长江沿线节节抗击。在著名的江阴海空对战、马当保卫战和在武汉周围与敌展开的多次血战中，我军广大官

"宁海"舰。"宁海"号为中国军队最优强的军舰。1937 年 9 月 23 日的江阴血战中，战至炮弹告竭而中弹下沉。

兵在枪林弹雨中前仆后继，不断击落日机、击沉日舰，表现了英勇无畏的气概。同时，我方舰艇也壮怀激烈，伤沉殆尽。

第二阶段，在放弃武汉后，我海军采取游击姿态，发动敌后攻势，设防川江，拱卫陪都重庆，协同陆军坚持长期抗战。在这一阶段中，我军幸存的海军官兵，一部分转为陆上战斗队，一部分组织起一支支海军游击队，活跃于广大的江河湖泊，实施水上布雷，收效甚大。在长沙会战和反攻宜昌的战斗中，海军紧密配合陆军作战，连日布放水雷，使日军首尾不能兼顾，水陆不能合作，兵力分散，给养断绝，而受到沉重的打击。在抗战期间，侵华日本海军共被击沉击伤舰船艇 321 艘，其中大多数为我军水雷攻击所致。我军所用水雷均为自制，包括定雷 9 种，漂雷 3 种，发挥了巨大作用，使具有优势的日本海军每每望水兴叹，视为荆棘畏途，始终不能有效地利用长江和其他水道进行军事进攻和运输。

空军御敌

"得遂凌云愿，空际任回旋……民族兴亡责任待吾望，长空万里复我旧河山。"这首激昂悲怆的歌曲，是抗日战争时期中国空军的心声。

来华参战的美国空军志愿者"飞虎队"的飞机，上面都画着鲨鱼的利牙大口。

1937 年 7 月，全国抗战开始时，中国列入编制的飞机仅 296 架，性能大多很差，与拥有 2000 多架新式作战飞机和庞大飞机制造工业之后盾的日本空军相比，处于明显的劣势。但是，中国的飞行勇士奋起抵抗，8 月 14 日首战告捷，以 6：0 取胜，振奋了全国人民的斗志。抗战的第一年，中国空军共击落日机 209 架，炸毁日机 179 架，取得了辉煌的战绩。随后，由于损失的飞机没有足够数量的补充，我空军在相当长的时间内，一直坚持抗战于困境。广大官兵不畏强敌，勇敢顽强，用自己的智慧和生命，在祖国的万里长空谱写了无数可歌可泣的壮烈诗篇，涌现了高志航、李桂丹、刘粹刚、沈崇海、阎海文、乐以琴、陈怀民、周志开等大批威震敌胆的英雄。

在中国上空与日寇进行的大空战中，还有苏联援华空军志愿队和美国援华空军志愿队参加，使得这个共同斗敌的空中场面更加宏大，更加震撼人心。

当中国空军的抗战处在最艰苦的时刻，苏联给予了我国无私的援助。据不完全统计，从 1937 年底到 1942 年的 4 年中，苏联共派遣了 500 多名志愿航空人员，支援了 5 批共 785 架飞机，先后有 100 多名苏联志愿空军人员献出了宝贵的生命，把他们的热血洒在了灾难深重的中国土地上。

美国援华空军志愿队的名字，始终是和陈纳德将军联系在一起的。早在

1937 年陈纳德就来到战火纷飞的中国，担任中国空军的顾问。1941 年 6 月，他凭着正义感和坚韧的性格，建立了一支在机头上全画着大嘴巴鲨鱼的"飞虎队"，并在昆明指挥首战告捷，英名从此使日寇丧胆。1942 年以后，

1938 年 1 月 18 日在武汉空战中击落 12 架日军飞机的中国空军官兵。

美国增强了在中国战区的空军力量。1943 年，将原来的美国志愿航空队正式编成美空军第 14 航空队，并组建了中美混合团。中、美空军共同使用南雄、柳州、桂林、遂川、赣州、衡阳、邵阳、芷江、老河口、恩施、新郑、西安和汉中等第一线野战机场，并在成都部署了当时被称为空中堡垒的 B－29 型战略轰炸机。从这些基地上起飞的中、美机群，不断袭击日军战役纵深与战略纵深的重要军事目标，包括远至日本本土、台湾和在海上航行的日本舰船，终于剥夺了日本在中国战区的空中优势。

在抗日战争中，中、美空军和中国民航还创造了 40 年代航空技术史上闻名世界的创举——驼峰空运。驼峰是一条从印度飞越喜马拉雅山到中国昆明的航线。在这条航线中，山峰起伏连绵，犹如骆驼的峰背，山高均在 4500 至 5500 米上下，最高处达海拔 7000 米。中、美两国的飞行人员驾驶着运输机，不畏险阻，夜以继日地空运战争物资，有力地支援了中国的抗日战争。

东北抗日联军英勇作战

在日本帝国主义发动"九·一八"事变、武装侵略中国以后，中国共产党就领导首遭战祸的东北人民拿起武器，抗击日本侵略军。1932 年，抗日游击队就在东北各地出现。至 1933 年初，中共先后组建了磐石游击队、东满游击队、珠河（哈东）游击队、密山游击队、宁安游击队、汤原游击队和饶河游击队、巴彦游击队等抗日部队。

赵一曼(1906～1936)东北人民革命军
第3军第2团政委(四川宜宾县人)。
"九·一八"事变后,到东北做女工工作。
1935年秋,任东北人民革命军第3军第
2团政治委员。在一次战斗中,左腕被
打穿,流血过多,昏迷中被捕。狱中受
尽严刑拷打,宁死不屈。1936年8月2日,
在珠河县北门被敌枪杀,临刑前高呼:
"打倒日本帝国主义!"

被日寇称为"满洲治安之癌"。
从1936年到1937年,东北游击
战争的广泛发展达到了最高峰。

1938年起,东北地区的抗日
斗争进入了形势严峻的时期。日
军调动大批兵力,对抗日联军和
游击区进行大"讨伐",实行"梳
篦"式进攻,并广泛实行"保甲制"
和"并户、归屯"政策,企图断
绝人民群众与抗联部队的联系。

1933年5月,中共满洲省委根据中共
中央的指示精神总结了经验,逐步改变了
某些"左"的政策,积极开展反日民族统
一战线工作,团结和争取各种抗日武装共
同对敌,从而使东北抗日游击战争得到了
进一步发展。1936年2月至1937年10月,
各抗日部队先后改编为东北抗日联军,共
11个军。联军组成后,各军积极出击,以
原来的山地游击区为依托,实行远征或转
移,扩大了活动范围。全国抗战开始后,
为适应联合作战、共同开辟新区的要求,
各部队又组成3个路军司令部,分别在南满、
东满和北满地区统一指挥。

第1路军由杨靖宇任总指挥,率部在
辽宁东部和吉林南部战斗;第2路军由周
保中任总指挥,率部在辽宁东北部和吉林
东部战斗;第3路军由张寿篯(又名李兆麟)
任总指挥,率部在松花江两岸、小兴安岭
和黑龙江、嫩江平原战斗。这三路军的总
兵力达到5万多人。他们到处打击日军,

东北抗日联军第1路军的部分战士。

我部队被迫撤离老游击区，转入深山老林，建立起军事密营，在极其艰难的条件下继续坚持斗争。

1940 年冬，抗日联军受到严重挫折，为了保存实力，部分进入苏联境内，余部仍然坚持斗争。抗日联军在严酷环境中的长期斗争，紧紧拖住了日本关东军的主力，在战略上配合了全国的抗日战争，也使敌人无法放手向苏联进犯。

延安鲁迅艺术学院成立

1938 年 4 月 10 日，"鲁迅艺术学院"（简称"鲁艺"）在延安成立。这是共产党创办的一所综合性艺术学校。

抗日战争全面爆发后，抗日民族统一战线迅速扩大，许多革命的、进步的文艺工作者和文艺团体，先后从北平、天津、上海等地来到延安投身于抗日战争的洪流。随着抗日战争形势的发展，急需培养大批的文艺人才，中共中央乃决定创办

1938 年延安鲁迅艺术学院初期院系负责人及部分教员合影

"鲁艺"。由沙可夫、周扬、艾思奇、吕骥、朱光、李伯钊、徐以新、张庚等组成"院务委员会"，负责学院领导工作，初设戏剧、音乐、美术 3 个系，后又增设文学系，并设文艺工作团、实验剧团等。1939 年夏，根据中共中央决定，一部分"鲁艺"师生与陕北公学、工人学校、青训班合并组成华北联合大学开赴前方，另一部分"鲁艺"师生组成华北联大文艺学院留驻延安。1939 年 11 月 28 日根据中共中央决定，留驻延安的部分"鲁艺"师生恢复"鲁艺"，1940 年后校名全称为"鲁迅艺术文学院"。1943 年 4 月，"鲁艺"并入延安大学。

"鲁艺"以"抗大"为榜样，树立革命的学风，在学习、生活和教学工作中，都有一派紧张活泼的气象。其教育方针是团结与培养文学艺术的专门人才，

以致力于新民主主义的文学艺术事业。其具体的要求是培养适合于抗战建国需要的具有文艺创作和某种技术专长以及历史知识与艺术理论修养的人才。毛泽东亲自题写的校训是"紧张、严肃、刻苦、虚心"。"鲁艺"各专业的学制最初规定为 6 个月，并分两个阶段进行，每阶段 3 个月，中间赴前线和抗日根据地实习 3 个月，故实为 9 个月。从第三期开始，改为初级和高级两个阶段，高级阶段各系又分为各专业组，学制共为 8 个月。1940 ～ 1941 年间，为适应新形势的需要，各系学制均延至 3 年（实习除外）以加强专业化学习和提高教学质量。"鲁艺"各系除专业课外还设有政治理论和文艺理论等公共必修课。不仅如此，"鲁艺"很重视课外实习，师生经常到各机关、学校、团体去帮助排戏、教歌和组织晚会等，并且按规定每 3 个月到附近的乡村或留守部队进行一次文艺宣传，同时收集民间素材。此外还定期进行公演。"鲁艺"的学生毕业后大部分赴前方工作，1939 年还曾组成一个纵队深入敌后开展工作。它为国家培养了大批革命文艺工作者和干部，为抗日战争的最后胜利作出了积极的贡献。

《新华日报》迁往重庆

1938 年 10 月 25 日，《新华日报》迁往重庆，它是中国共产党在抗日战争时期在国民党统治区公开出版发行的大型机关报。

1937 年抗日战争爆发后，国共两党举行两党合作抗日谈判，中共代表团提出在国统区创办一个公开的日报，国民党被迫允诺同意，《新华日报》在共产党的一再努力和各方帮助下于 1938 年 1 月 11 日在武汉创刊，受中共中央长江局领导，社长潘梓年。这一时期，《新华日报》主要成绩是配合抗日战争的需要，阐明抗战的光明前途，坚定国统区广大人民对抗战必胜的信心。1938 年 10 月，随着日军进攻武汉，《新华日报》迁至重庆出版，受中共中央南方局领导，社长仍为潘梓年。《新华日报》针对国统区的实际情况和抗战的需要，在宣传报道中坚持实事求是的原则，宣传共产党全面抗战和持久战的路线，反对片面抗战和投降倒退，在国民党统治区的广大人民群众中起了党的宣传者和组织者的作用。《新华日报》在重庆，积极报道八路军、新四

军和敌后抗日根据地奋勇抗击日寇的英雄事迹，如实反映国民党爱国将士正面反击日军的战绩，宣传共产党坚持抗战、坚持团结、坚持进步的主张，对国民党的倒退，掀起的反共高潮，《新华日报》根据事实，揭露国民党"消极抗战、积极反共"制造的一些惨案，使国统区民主人士和各界群众认清了蒋介石国民党的阴谋，纷纷抨击国民党的独裁统治，促使抗日民族统一战线得以维持和抗战顺利进行。《新华日报》还发表过毛泽东、周恩来、朱德、彭德怀、叶挺等中国共产党领导人的许多重要文章，对包括蒋介石在内的国民党高级领导人的抗日言论，也以热情欢迎的态度予以登载。《新华日报》还面向人民群众的实际生活，注重发表群众意见，开辟"读者园地"、"青年生活"等专栏，加强与读者的联系。其副刊内容丰富多彩、战斗性强，是进步文化运动的重要阵地。它的"国际述评"采用"以外喻内"的手法，成为突破国民党控制舆论的一种斗争方式，由乔冠华主笔，文章以资料真实、分析透彻而影响很大，常为外国通讯社转载。

抗日战争结束后，《新华日报》配合国内形势的需要，宣传中国共产党争取和平、反对内战卖国独裁的方针政策，为党赢得了国统区的民心，推动了国统区爱国民主运动的发展，揭露了国民党当局的黑暗统治，反对美国的侵略阴谋，尽力做统一战线工作，经常发表各民主党派、各民主人士的文章，团结各界爱国人士，孤立国民党反动派，成为一支反蒋的生力军，曾受到毛泽东、周恩来等的称赞。1947 年 2 月，《新华日报》被国民党当局封闭。

西南联大组成

1937 年抗日战争全面爆发后，为躲避战火，北京大学、清华大学、南开大学先迁至长沙，组成临时大学，共设文、理、工、法商 4 个院 17 个系，并于 10 月 25 日开学。随着日本侵略者的步步逼近，1938 年 4 月临时大学又迁至昆明，改称西南联合大学，简称"西南联大"，5 月 4 日开课，并在昆明设理、工学院，在蒙自设文法学院，之后文法学院亦迁至昆明。1939 年后西南联大设文、理、法商、工、师范 5 个院 29 个系，2 个专修科、1 个先修班。西南联大成为抗日战争期间设于昆明的一所综合性大学，并于抗日战争胜利

抗日战争时期西南联合大学的教室旧址

后的1946年解散，三校分别迁回北京、天津复校。

由于北大、清华、南开在旧中国均为著名的高等学府，师资力量雄厚，并且它们具有各自独特的经历和教学作风，组成联大后更是人才荟萃，多数教师学有专长，因此即便在艰苦的岁月，教学质量仍保持较高水准。联大学生来自全国各地，均经统考择优录取，他们不仅具有较好的基础知识，而且具备一定的分析思考能力，因此当时西南联大荟萃了一大批有为学子。虽然条件恶劣，缺少图书资料和实验仪器，物质生活资料极其匮乏，但是在如此艰苦的条件下，联大师生仍竭力维护教学秩序，坚持教学和科研的正常发展。在不到9年的时间里，西南联大毕业的学生约2000人，他们后来大都战斗在中国社会主义建设的各条战线，也有少数在国外成为举世闻名的学者，为新中国的建设事业、高等教育的发展和世界文明的进步，均作出了一定的贡献。

组成西南联大的北大、清华、南开均具有光荣的革命传统，抗日战争期间，联大师生积极响应和坚持中国共产党抗战、爱国、民主的号召，坚决抵制国民党政府的独裁统治及其反动的思想宣传，并涌现出许多追求真理、主持正义的先进人士：震惊中外的反内战、反暴行、争民主的"一二·一运动"就发生在西南联大；著名诗人、学者闻一多教授，历史学家吴晗教授等都在联大成长为民主战士。

汪精卫集团叛国投日

1937年卢沟桥事变后，身为中国国民党中央副总裁、中央政治委员会会主席、国民参政会议长的汪精卫，竭力鼓吹亡国论，并派代表高崇武、梅思

平经香港到上海，和日本政府代表秘密谈判，准备投降。

1938 年 12 月 18 日，汪精卫同周佛海、曾仲鸣等人秘密逃离重庆，经昆明到达越南河内。同月 29 日，在河内发表致蒋中正等人的通电（12 月 29 日的电报代号为"艳"日，故又称"艳电"），表示响应日本首相近卫于 22 日提出的"调整中日关系三原则"，即"善邻友好"、"共同防共"和"经济提携"等条件，表明其卖国立场。

汪精卫公开投降日本帝国主义后，只有 40 几个人跟着他跑，全国各党各派各界人民都一致强烈声讨，要求通缉、惩治卖国贼。

1939 年 5 月 6 日，汪精卫逃到上海，匿居在土肥原公馆。31 日，他和周佛海等赴日本"访问"，与日本首相平沼，以及陆军、海军和外务等侵略者的头目"会谈"，策划建立伪政权。1939 年 12 月 30 日，在上海同日本政府代表签订卖国条约《日华新关系调整要纲》及其附件。1940 年 3 月，在日本帝国主义的指使下，在南京成立伪中华民国国民政府，自任主席兼行政院院长。

1940 年 11 月 30 日，汪精卫和日本阿部信行、伪满洲国臧式毅共同签署所谓《日满华共同宣言》。这是签约后步出礼堂的情形。前左 1 为汪精卫，左 2 为阿部信行，后为臧式毅。

汪伪政权建立后，便积极在敌占区内建立各级伪地方政权，组建伪军，以"和平反共建国"为口号，破坏抗战，配合日本侵略军对我抗日根据地进行"清乡"、"扫荡"，残酷杀害沦陷区的人民。1940 年 11 月 30 日，又在南京同日本驻伪政权大使阿部信行签订了卖国的《日汪基本关系条约》及附属秘密协约，签订了所谓《日满华共同宣言》。

南昌、随枣、枣宜会战

日本侵略者占领武汉，虽部分地实现了侵略计划，但由于受到中国军队和广大人民的英勇抵抗，其力量也受到了相当大的消耗。日本帝国主义者在一年前夸下的海口："两个月就可以结束战争"，"三个月灭亡中国"等等，终于成为历史的笑柄。随着"速战速决"战略的破产，日本侵略者便陷进了旷日持久的战争泥潭。中国人民的抗日战争进入战略相持阶段。

从1939年春开始，侵华日军为巩固其对武汉地区的占领和控制，向武汉地区外围的中国军队先后发动了南昌、随枣、枣宜等会战，企图以攻为守，消除皖、赣、豫南和鄂北方面的威胁。

1939年3月17日，日军发动了南昌方面作战。日军以4个师团及海军陆战队、战车队等部，向我吴城、永修、修江南岸并和武宁方面守军展开猛烈进攻，利用优势飞机和重炮作掩护，施放毒剂弹，致使我守军伤亡、中毒者甚多。我各路守军虽经顽强战斗，但至25日，日军已进犯南昌近郊。从26日到27日，南昌城内外杀声震天，我32军与南昌警备部队与来犯日军激烈巷战，反覆肉搏争夺。27日晚，南昌沦陷。

为反攻南昌，第发战区前敌总司令罗卓英统一指挥左翼5个师、右翼4个师，直取武宁敌4个师和南昌敌6个师，于4月21日前后开始攻击前进，历战20余天，大小战斗百余次，曾一度突入南昌城内，与敌白刃格斗。在紧要时刻，

1939年3月27日南昌全城大火。中国军队逐放弃南昌。

我第二十九军军长陈安宝率部反击，壮烈牺牲。日军在空、炮火力支援下猖狂反扑，我军伤亡甚重，攻势顿挫，与日军终成对峙。南昌会战遂告结束。此役，日军伤亡约 24000 名，我军壮烈捐躯者 22584 名。

中国军队反攻枣阳城

在南昌作战的同时，于 1939 年 4 月 30 日又开始了随枣会战。日军以 3 个师团以上的兵力，由信阳、应山、安陆、京山一线，向松柏、随县、枣阳实施包围进攻。该地区我第 1、第 5 战区驻军共约 16 个军，采取据守松柏山、大洪山地带，确保要点，集中主力一部，伺机给日军反击的方针，与敌展开 20 余战。5 月 15 日，我军奋起总反攻，经 3 日激战，日军疲备不堪，伤亡惨重，乃向东南退却。我军乘胜追击，于 19 日收复枣阳，23 日收复随县。此次会战，毙伤日军 13000 余人，恢复了已失阵地，达到了牵制和消耗日军的目的。

1940 年 4 月中旬，日军又纠集位于鄂中、湘北和赣北的部队约 5 个师团的兵力，分别向信阳、随县、钟祥地区集结，准备向枣阳、宜昌地区进犯。枣宜会战于 5 月 1 日开始，日军分 3 路西进，企图对我第 5 战区主力进行围歼。我军正面迅速北撤，担任掩护的第 173 师遭敌坦克部队包围，经数日血战，师长钟毅以下，大部于新野县境殉国。8 日枣阳失守，我主力部队撤出敌包围后，自外线向敌实行反包围，战斗甚为激烈。至 11 日，敌终不支，向枣阳东南撤退。我军一度克复枣阳、信阳。这时，第 33 集团军总司令张自忠亲率特务营和第 74 师两个团，由宜城东渡襄河，于枣阳南瓜店附近一举将敌军截为两段。随后，日军以重兵向我军张部反扑，敌我反复冲杀，张自忠壮烈殉国，各路敌军与我军均陷入胶着状态。

6 月初，日军再度增援后，避开第 5 战区正面，转向宜昌地区进攻。12 日，攻陷宜昌。当日军南下时，鄂北我军乘机尾追，收复襄阳、宜城等地，向日军展开反攻，曾一度攻克宜昌。至 6 月 18 日，双方遂在宜昌、江陆、钟祥、随县和信阳一线对峙，枣宜会战结束。此役，毙伤日军约 25000 人。

中日长沙会战

在抗日战争的相持阶段，日军为打击中国第九战区军队的主力，解除其对武汉的威协和策应南方及太平洋方面的作战，发动了 3 次长沙会战，都遭到了失败。

1939 年 9 月中旬，日军以 4 个师团的主力和两个支队，10 多万兵力，在舰艇、飞机的支援下，从赣北、鄂南、湘北 3 个方面向长沙发动进攻。第九战区代理司令长官薛岳指挥 18 个军约 20 万兵力参战，利用赣北、鄂南、湘北的有利地形节节阻击，并以有力部队侧击、各个击破的战术，挫败了日军的进攻。我军在赣北将日军第一〇一、一〇六师团击退；在鄂南将日军第 33 师团击退；在湘北对分 4 路进攻的日军第 6 师团等部，利用新墙河、汨罗江、捞刀河等河川地形节节阻击，随后实施反击。至 10 月上旬，日军损失惨重，不得不向北败退。此役，敌伤亡达 2 万余人。

1941 年 9 月，日军第二次进攻长沙。其左翼由平江至株洲一线包抄我军第 9 战区的主力部队，另一路沿粤汉路正面攻打长沙。第 9 战区司令长官薛岳指挥 13 个军约 17 万人，利用有利地形，在正面逐次抵抗，将日军主力诱往长沙东北和东面山地的既设阵地前，反围而歼灭之；同时以 7 个军的重兵集团威胁左翼日军的侧翼和后方。在战役进行中，日军一度占领长沙，但随即被我军反攻夺回。我军随即转入追击和截击，日军狼狈逃窜。

此外，乘日军在汉口附近兵力空虚，我军第 5、第 6 两战区的部队向汉口以西一线的宜昌、

第 1 次长沙会战时，中国炮兵在洞庭湖沿岸，阻击日军。

荆门也发动了反攻。此次会战结果，日军伤亡达 2 万余人，其中仅在长沙附近就遗尸 1 万多具，日军不得不于 10 月中旬撤回进攻出发地。

1941 年 12 月，日军第 3 次进攻长沙，调集兵力 12 万多人。我军第九战区投入战役的兵力有 13 个军，约 17 万人，计划先在湘北节节阻击，消耗日军兵力，将日军诱往浏阳河、捞刀河之间，集中主力包围歼灭之。12 月 24 日，日军强渡新墙河向南进犯；渡捞刀河后，于 1942 年 1 月 1 日向长沙猛攻。我长沙守军利用既设工事，连续打退日军 3 天的猛攻，战斗空前激烈。日军攻击屡遭挫折，死伤惨重，且粮弹将尽。这时，我军置于长沙外围的部队，向长沙实施合围，日军不得不下令分路突围。我军乘胜堵击、侧击和尾追，扩大胜利战果，取得了长沙会战大捷。1 月 15 日，日军狼狈退过新墙河，双方恢复原来阵线。此役，共毙伤日军约 5 万人。

冼星海谱《黄河大合唱》

1938 年 11 月，冼星海到达延安。次年 3 月，成功地谱写了《黄河大合唱》大型声乐套曲。

冼星海（1905～1945），曾用名黄训、孔宇，生于澳门，祖籍广东番禺，为中国著名作曲家、人民音乐家。冼星海自幼丧父，家境贫寒。他从小酷爱音乐，先后就读于广州岭南大学预科、北京国立艺术专门学校、上海国立音乐学院。1929 年冬，冼星海赴法国巴黎学习音乐，后入巴黎音乐学院学习作曲。1935 年秋回到上海，投身抗日救亡运动，开始了救亡歌曲和进步的电影音乐的创作。抗日战争爆发后，他在上海、武汉等地进行抗日救亡的文艺宣

冼星海（1905～1945），广东番禺人

传工作，并创作了许多抗战歌曲。1938 年 11 月，冼星海到延安鲁迅艺术学院音乐系任教；次年 6 月加入中国共产党。在革命根据地，他写出了以《黄河大合唱》为代表的一批大型声乐套曲和其他有影响的革命歌曲。1940 年冼星

海赴苏联工作，后又到过蒙古教音乐，1945 年病逝。

早在 20 年代末，冼星海在沪读书时就写过《普遍的音乐》一文，认为"中国需求的不是贵族式或私人音乐，中国人所需求的是普遍音乐"，学音乐者应负起救国重任。基于这种爱国民主思想，冼星海在 10 余年的创作生涯中从现实生活中选取有重大社会意义的题材，以革命激情表现人民群众的斗争生活和思想感情。其创作中数量最多，影响最广的是多种多样的群众歌曲，有正面表现抗战、富于号召性的进行曲形式的《救国军歌》、《青年进行曲》、《到敌人后方去》；有具体展示人民战争场面、将抒情性与鼓舞性相结合的《在太行山上》、《游击军》；有表现工农劳动生活的《拉犁歌》、《路是我们开》；有献给妇女、儿童的《三八妇女节歌》、《祖国的孩子们》。抒情性的独唱歌曲在冼星海的创作中亦占重要地位，如《夜半歌声》、《莫提起》、《热血》、《黄河之恋》等。冼星海的音乐作品在全国产生巨大影响的是大型声乐套曲，如《生产大合唱》、《九一八大合唱》等，最著名的是《黄河大合唱》。

《黄河大合唱》是冼星海最杰出的代表作，由诗人光未然作词，以黄河为背景，讴歌中华民族悠久光荣的历史和中国人民顽强的斗争精神，控诉侵略者的残暴，抒发人民在铁蹄下挣扎的悲怆和奋起反抗的激昂之情。全曲分为 9 个乐章：《序曲》、《黄河船夫曲》、《黄河颂》、《黄河之水天上来》、《黄水谣》、《河边对口曲》、《黄河怨》、《保卫黄河》、《怒吼吧！黄河》。每个乐章相对独立，各有特色，但各乐章又围绕着表现中华民族解放斗争的主题，高度统一，几个基本旋律贯穿始终。全曲具有鲜明的民族风格，音乐语言通俗明快，其最具独创性的艺术特色在于由丰富多彩的合唱手法和乐队的交响性发挥所形成的全曲的宏伟规模和英雄气概。《黄河大合唱》是反映中华民族解放运动的音乐史诗，充分体现了冼星海的卓越才华和杰出创造性。

冼星海在创作实践中坚持聂耳开始确立的革命音乐的创作方向，重视思想内容的深刻性和艺术的易解性的统一，将民族风格与现代音乐技巧相结合，其代表作《黄河大合唱》在中国音乐史上占有不朽的地位。

四行二局控制中国金融

中央、中国、交通、中国农民四银行在抗日战争爆发后于上海成立四行联合办事处，1939 年 10 月在重庆正式成立四行联合办事处总处，由蒋介石任理事会主席。四联总处所辖实际上也包括中信、邮汇二局。它不仅决定金融方面的重大方针和措施，而且左右着经济的发展。所有工矿、交通、农林等企业只有取得经它批准的贷款和投资，才有足够的资金用于发展生产，增加设备。自 1937 年下半年起至 1944 年 9 月止，经"四联总处"核定的联合放款总额达 450 亿元。战时官僚资本膨胀并居于垄断地位，"四行二局"的信贷支持起了十分显著的作用。

以中央银行为首的官僚资本垄断货币发行和垄断外汇资金。1945 年底，中央银行的纸币发行额已达 1 万余亿元，并拥有美元近 9 亿元，黄金 600 万盎司。它们运用这些本币和外币资金，继续扶植官僚资本企业，控制国民党统治区的经济。

中央银行成立于 1928 年 11 月，于上海设总行，第一任总裁宋子文（1894 ~ 1971），第二任总裁孔祥熙（1880 ~ 1967）。它被赋予发行纸币、经理和发行铸币、经理国库、募集公债等特权。1935 年币制改革后，以该行和中国银行、交通银行（后又加上中国农民银行）发行的纸币为法币，1942 年发行集中于中央银行一家，外汇也由它统筹管理。

中国银行成立于 1912 年。辛亥革命后，大清银行商股联合会呈准中华民国南京临时政府就前上海大清银行旧址改设中国银行，2 月

上海中国银行大厦旧址

开始营业，4 月袁世凯北洋政府成立，在北京另行筹设中国银行，8 月正式营业，上海的机构遂改为分行。1935 年国民党政府进一步加以直接控制，官股增至 2000 万元，占总股额的一半，由宋子文任董事长。1942 年改为发展国际贸易的银行。

交通银行 1908 年由清朝邮传部奏准设立。北洋政府时期，该行总理梁士诒通过袁世凯的关系，获得国家银行一部分特权。1928 年国民党政府将其改组为发展全国实业的特许银行，实际仍从事一般银行业务。

中国农民银行成立于 1935 年，前身为 1933 年设立的豫、鄂、皖、赣四省农民银行。它设立的目的是为筹集"剿共"经费，并成为国民党总裁蒋介石（1887 ~ 1975）扩大嫡系势力、任意拨款的私人金库。1942 年后，农贷集中该行一家，其他行局不再办理。1945 年由陈果夫（1892 ~ 1951）继蒋介石后任董事长。

中央信托局成立于 1935 年，虽经营保险、储蓄和各种信托业务，但主要业务是办理军火进口，后期亦从事对外国的易货贸易。

邮政储金汇业局在邮政总局的储金和汇兑业务基础上设置，成立于 1930 年。它以吸收小额储蓄、经营居民汇兑为主要业务，并在城乡广设分支机构。

1946 年成立中央合作金库，与"四行二局"一起，统称"四行二局一库"。

杨靖宇壮烈殉国

杨靖宇 (1905 ~ 1940)，东北抗日联军第一路军总指挥（河南省确山县人）。1940 年 2 月 23 日，杨只身一人在濛江县保安村三道崴子，被百余名日伪军层层包围。杨以双枪与敌激战近半小时，身中数弹，壮烈殉国。这是杨靖宇将军的遗体。

1940 年 2 月 23 日，抗日名将杨靖宇在与日军激战中壮烈牺牲。

杨靖宇所率抗联第一路军各部指战员在缺衣少食的条件下，与超过自己几十倍的敌人作战，困难日益加重。特别是进入冬季以后，指

战员们常常冒着零下三四十度的严寒与敌搏斗，有时一日数战，许多优秀指挥员相继牺牲，部队减员很大。杨靖宇、魏拯民等领导人决定将各部编成小股部队分散活动，以冲破敌人的围攻。1939 年末，杨靖宇率领一部队伍转赴濛江县境活动，在江、辉南之间山区转战 50 余天，战斗达 30 次之多。1940年 2 月 23 日，杨靖宇在濛江县保安村三道崴子被日伪军层层包围。杨靖宇毫无惧色，在数日粒米未进、身体极度虚弱的情况下，他背靠大树向敌群猛烈射击，最后在敌人密集射击下壮烈牺牲，时年 35 岁。

郭沫若用马克思主义研究中国思想史

郭沫若（1892 ~ 1978）是中国近现代著名的思想家和文学家，他早年接受马克思主义，1928 年旅居日本期间开始从事中国古代史和甲骨文、金文的研究，首开以马克思主义观点研究中国思想史的先河，他在中国历史、思想史和哲学史方面的学术研究都具有开创性意义。

郭沫若《十批判书》

郭沫若在旅居日本十年和抗战八年期间，以马克思主义的立场、观点和方法研究中国思想史，写出了《中国古代社会研究》、《十批判书》、《青铜时代》等较有影响的学术著作，对中国哲学史的研究作出了独特的贡献。他在《中国古代社会研究》中以辩证唯物论和历史唯物论的观点研究中国古代社会结构和意识形态，论证了中国社会也曾经历奴隶制的发展阶段，说明马克思主义关于社会发展阶段的理论同样符合中国的历史。这一论断推动了 30 年代中国社会性质和中国社会史问题的论战。该书首次理出中国历史发展的初步系统，为中国历史研究开辟了新的方向。

《青铜时代》和《十批判书》写于抗日战争期间，是两部用马克思主义分析中国古代思想史、哲学史的重要著作。《十批判书》由 10 篇先秦人物思想批判和自我批判文章集成，对先秦诸子的哲学、政治、伦理等各方面的思想及其源流和演变进行了分疏，并且对其中一些重要人物进行了考辨，观点

独特，自成一家之言。《青铜时代》收辑了郭沫若在 1934～1945 年间的 12 篇关于先秦社会思想研究的论文。其中《先秦天道观之进展》理出了先秦哲学、政治思想发展的主要线索，其他各篇对先秦的社会结构、人物及学派的思想作了考究。这两本书的内容相辅相成，对先秦社会的结构、转变以及转变过程在意识形态上的反映，构勒出一个比较完整的轮廓。这些著作对中国古代史、思想史、尤其是先秦史的研究产生了深远的影响。

郭沫若是中国 30 年代学术界中最早以马克思主义研究中国思想史的学者，虽然他对某些历史人物的评论不尽精当，书中一些观点也不够成熟，但他的思想颇多创见，在学术界中引起了强烈反响和争鸣，对学术研究的繁荣和发展作出了贡献。他的研究方法和立场也被后来的马克思主义者接受，因此郭沫若成为以马克思主义研究中国思想史的开创者。

张自忠将军殉国

1940 年 5 月 16 日，第五战区第三十三集团军总司令张自忠在南瓜店激战中壮烈殉国。据张自忠部下说，张将军身中数弹，前胸后背被鲜血染红。张自忠，字荩忱，山东临清人，国民党二级陆军上将。早年在冯玉祥的西北军中历任连长、营长、团长、旅长等职，1927 年后历任国民革命军第二集团军总司令部副官长、军官学校校长、第二十五师师长、第三十八师师长兼张家口警备司令等职。1933 年长城抗战时，他任喜峰口第二十九军前线总指挥，积极抗击日寇。1935 年华北事变后，他任察哈尔省政府主席、冀察政务委员会委员兼天津市市长。"七·七"事变后，他一度代理冀察政务委员会委员长、北平绥靖主任兼北平市长。日军占领北平后，他拒绝与日本合作，逃出北平，辗转到达南京参加抗日。1937 年 11 月，他回部队任第五十九军军长。其后，他率部参加了台儿庄战役、武汉会战，重创日军，升任第三十三集团军总司令兼五十九军军长。1939 年的随枣战役中，他指挥部队英勇杀敌，取得了田家集作战的胜利。在这次枣宜会战中，他奉命率部渡过襄河，侧击南撤的日军第三十九师团。在襄河东岸宜城的南瓜店，由于无线电报被日军破译，他所率的总部直属队和第七十四师遭到日军包围。张自忠率部与敌激战，在战斗中壮烈牺牲。

张自忠 (1891 ~ 1940)，陆军第三十三集团军上将总司令，山东临清县人。1940 年 5 月，张率部从右翼打击进犯枣阳的日军主力。出击前对众将领说："我们要同敌人在这一条战线上拼到底。拼完算完。不奉命令，决不后退。"5 月 7 日，张率总部手枪营和 74 师两个团，从宜城东渡襄河，给敌以极大威胁。日军主力反扑，张部减员甚重，粮弹两缺。5 月 18 日，被敌围困在杏儿山。张率部冲杀 10 余次，不幸身中 7 弹，仍呼喊"杀敌报仇"，壮烈牺牲。

八路军反"扫荡"胜利

正面战场国民党军队败退的同时，坚持全面抗战的中国共产党，领导八路军和新四军放手发动群众，开展独立自主的游击战，迅速地开辟了敌后战场，建立了大小十余块抗日民主根据地，其中著名的有聂荣臻统率八路军一一五师创建的晋察冀边区，贺龙、关向应领导的八路军一二〇师建立的晋绥边区，刘伯承、邓小平、徐向前统率的一二九师建立的晋冀鲁豫边区，及叶挺、项英、陈毅等率领的新四军开创的江南、江北根据地。此外，还有东北抗日联军和广东华南抗日游击队建立的根据地或游击区。从 1938 年 7 月至 1941 年 5 月，八路军和新四军对敌作战 3 万余次，毙伤日军 12 万人，伪军 8 万余人。其中 1940 年，八路军发动百团大战，持续作战 3 个半月，毙伤敌伪军 25000 余人。至 1940 年，抗

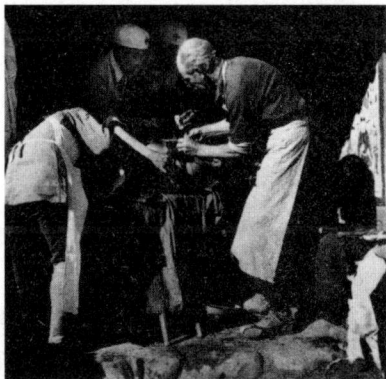

白求恩 (右 1) 在为伤员做手术。白求恩 (1890 ~ 1939)，加拿大医生，1937 年受加拿大共产党派遣来到中国参加抗战救护工作。他医术高明，培养了不少中国医护人员，并建立了医院。后因手术时感染而去世。

晋绥根据地军民庆祝反"扫荡"胜利

1938年秋季，日军对我北岳区发动进攻，我参战部队在五台山、冀西地区的山岭中。

日根据地人口发展到1亿，军队近50万。因此，敌后战场逐渐成为抗日战争的主要战场，吸引了侵华日军的主力和几乎全部的伪军。陕甘宁边区首府延安（中共中央所在地）成了全国抗日的中心。共产党在抗战中发展壮大，由抗战初期的约4万党员，增加到80万，成为完全成熟的全国性的大党。1941年和1942年，由于日伪军的反复"扫荡"和华北地区严重的自然灾害，根据地范围缩小，人口和军队都有所减少。在极端困难的时期，中国共产党发动整风运动和大生产运动，普遍展开反扫荡斗争。至1943年底，根据地又恢复到1940年的规模，为实行战略反攻打下了基础。

1940年3月9日，日伪9000余人，在50余门大炮和10余架飞机的配合下，分数路向八路军平西根据地中心斋堂地区进行合围"扫荡"，企图破坏春耕，摧毁根据地，迫使八路军退出平西。八路军冀察热挺进军对来犯之敌予以多次伏击和袭击，迫使"扫荡"日伪军于22日撤回据点，这次反"扫荡"，平西八路军共作战30多次，毙伤日伪军800余人，击落飞机1架。

4月1日，晋西北抗日根据地反"扫荡"战役结束，这次战役是从2月23日开始的。日军为查明八路军在晋西北的兵力配备及作战能力，先后调遣1.2万余人的兵力，兵分六路进攻岚县、临县、方山、兴县等地，窜扰五寨、文水、交城、静乐、三交等地区，对晋西北抗日根据地作试探性"扫荡"。晋西北八路军与新四军采取游击战术打击敌人，而不与敌人进行大规模作战，在38天的反"扫荡"作战中，与敌交战30余次，毙伤敌军1100余名，俘敌200余名，收复方山、临县、岚县三座县城。

5月7日，在晨曦微露时，八路军第一二九师对晋东南地区的白（圭）晋（城）铁路长治以北各段展开的破击战胜利结束。今年春，日军为在华北推行"囚笼政策"，修筑白晋铁路以分割和封锁太行、太岳抗日根据地。八路

军第一二九师于 5 月 5 日起，在太行、太岳 2 万余名群众和民兵的配合下，向白晋铁路长治以北各段展开大破击，并袭击了铁路沿线的来远、权店、漳源、固亦、沁县、南关等日军据点，至今日凌晨，破击战结束，共破坏铁路 50 余公里，毁大小桥梁 50 余座，炸毁火车 1 列，歼敌 350 余人，缴获炸药 1000 余箱及其他许多军用物资。

八路军在保卫阜平东西庄的战斗中与日军肉搏

5 月 31 日，伤亡惨重的日伪军大批地从冀中撤退，冀中反"扫荡"战役取得胜利。这次反扫荡战役是从上月 10 日开始的，当时日军乘八路军冀中部队赴冀南和太行地区参加反击国民党军作战之际，从津浦铁路和平汉铁路沿线，分四个地区，连续进行了 50 天的"扫荡"。针对敌情，八路军将后方机关和部分主力移往山区整训，将留下来的部队以营、连为单位分散坚持斗争，并相机集中，伏击敌军，袭击据点，破坏交通。八分区发动 4 万群众，破坏了沧县至石家庄的铺轨路基，挖毁公路 80 余公里；六分区发动 7 万群众，破坏了深县、晋县、安平段公路 70 余公里。经过大小 90 余次战斗，毙伤日伪军 3300 余人，迫使敌人于本月底撤走，取得了反"扫荡"的胜利。

6 月 27 日，冀鲁豫地区八路军粉碎日军"扫荡"。6 月 20 日起，冀南各路日军 6000 余人，汽车 10 余辆，坦克 3 辆，分途向冀鲁豫地区的威县、曲周、肥乡、广平、大名、冠县、馆陶一带进行"扫荡"。八路军各部队分别在魏县、平固、庵年、打虎寨等地侧击、伏击敌人，至 27 日，击退各路日军，毙敌 500 余人。

7 月 6 日，在晋西北"扫荡"的日军和伪军全面溃退，八路军反"扫荡"取得胜利。

这次"扫荡"是从 5 月底开始的。日军首先切断八路军晋西北与陕甘宁边区的联系，而后合围攻击晋西北抗日根据地中心区。6 月 7 日，日军以 2 万余人的兵力从东、南、北三个方向多路向根据地进行大"扫荡"。八路军第一二〇师采取了分散转移到外线，打击敌人后方的作战方针，与敌周旋，7 月 4 日上午，日军 1000 余人进至兴县以东二十里铺附近地区时，遭到伏击，700 余人被歼。由于第一二〇师伏击部队未能按时形成包围圈，使余部日军得以逃跑与其友邻会合。第一二〇师主力乃撤出战斗。6日，日军撤出岚县城。此次反"扫荡"作战历时1个月，作战251次，毙伤日伪军4490人，俘53人，缴获枪支3000余支（挺），巩固了晋西北抗日根据地。

9月30日，八路军第一二九师发起的榆辽战役大获全胜。

八路军发动"百团大战"

1940年8月20日，八路军以凌厉攻势发动了"百团大战"。在华北辽阔的平原上，在日军控制的漫长交通线上，到处可听到巨大的震耳欲聋的爆炸声、枪炮声，到处可看到弥漫的硝烟和气浪。这是八路军第一次大兵团、大规模地打进攻战。

在战役发起前，八路军总司令朱德、副总司令彭德怀和副总参谋长左权于7月22日向晋察冀军区、第一二〇师、第一二九师下达了关于以破击正太路为中心的《战役预备命令》，并报中共中央军委：为创立显著战绩，破坏敌人进攻西北计划，兴奋抗战军民，争取时局好转，"决定趁目前青纱帐与雨季时节，敌对晋察翼、晋西北及晋东南'扫荡'较为缓和，正太沿线较为空虚的有利时机，大举破击正太路"。《命令》规定此次战役的目的是："彻底破坏正太线若干要隘，消灭部分敌人，收复若干重要名胜关隘据点，较长期截断该线交通。"

8月20日，正太铁路破击战按计划全面展开，而后迅速扩展到除山东以外的整个华北地区和主要交通线。其中包括：冀察全境、晋绥大部和热河南部地区；正太、平古（北口）铁路全线，安阳以北之平汉铁路，德州以北之津浦铁路，临汾以北之同蒲铁路，归绥以东之平绥铁路，北宁铁

1940年8月，中共为打击日军分割抗日根据地的"囚笼政策"，配合正面战场作战，令八路军在华北发起"百团大战"。八路军参战兵力20万人，共作战1800余次，毙伤、俘日军4.3万余人，自己伤亡1.7万余人。图为八路军副总司令彭德怀在前线指挥战斗。

路之山海关至北平段，白晋铁路之平远至壶
关段，以及正在修筑的德石铁路、沧石公路
等。在这些地区和交通线，驻有日军 3 个师
团的全部，2 个师团的各 2 个联队，5 个独
立混成旅团的全部，4 个独立混成旅团的各
2 个大队，1 个骑兵旅团的 2 个大队，共 20
余万人，飞机 150 架，另有伪军约 15 万人。
八路军参战兵力实际达 105 个团，计晋察冀
39 个团，第一二〇师（含决死队第二、第四

"百团大战"中在河北省怀来前线
参战的八路军炮兵。

纵队等）20 个团，第一二九师（含决死队第一、第三纵队等）46 个团，共 20
余万人。此外，尚有许多地方游击队和民兵参加作战。故称"百团大战"。

9 月 16 日，八路军总部发出"百团大战"第二阶段作战命令。具体任务
是要求各兵团继续破坏敌之主要交通，摧毁敌深入我根据地内的某些据点。

12 月 5 日，八路军发动的"百团大战"基本结束。这次战役分为 3 个阶段：
第一阶段（8 月 20 日至 9 月 10 日）以正太铁路为重点，进行交通总破击战。
第二阶段（9 月 22 日至 10 月上旬），继续破击日军交通线，重点攻击交通线
两侧和深入根据地内的日军据点，主要进行了榆（社）辽（县）和涞（源）灵（丘）
等战役。第三阶段（10 月 6 日至 12 月 5 日），粉碎日军对各根据地的报复"扫荡"。
历时 3 个半月的"百团大战"，八路军在地方武装和广大人民群众的紧密配合下，
共作战 1800 余次，毙伤日军 2 万余人，伪军 5000 余人；俘日军 280 余人，
伪军 1.8 万余人；日军投降 47 人，伪军反正 1845 人；破坏铁路 470 余公里，
公路 1500 余公里，桥梁、隧道 260 多处；缴获各种炮 53 门，各种枪 5800 余支。

新四军黄桥决战

1940 年 10 月 6 日上午，新四军停止了对国民党军韩德勤部的追击，主动
结束黄桥战役。

自新四军攻占黄桥后，韩德勤先是派人与新四军谈判，拟定防区，继又
破坏协议，向新四军进攻。新四军击退韩部进攻，并乘势攻占姜堰。攻占姜堰后，

1939年，周恩来（左4）在皖南泾县新四军军部与新四军领导人叶挺（右1）、陈毅（左1）、粟裕（左2）等合影。

为保持政治上的主动，新四军联络各界绅民代表向韩德勤发出呼吁，要求重开谈判，解决争端，并于9月30日退出姜堰，满足了韩德勤提出的谈判条件。然而，韩德勤却视新四军和平解决争端为软弱，于是日向新四军发起进攻。新四军首先争取了李明扬、李长江的苏鲁皖游击总队、陈泰运的税警团等国民党军队保持中立，然后集中兵力，在运动中歼击顽军。

战斗打响后，第一纵队经过3小时激战，全歼了韩德勤部主力独立六旅，斩断了韩德勤进攻的右翼。接着，第一纵队和第二纵队又围歼了其第三十三师主力，并向东全力围攻野屋基一带的第八十九军军部及第三四九旅。经过一夜游战，6日晨，韩德勤部第八十九军军部被彻底歼灭，第八十九军军长李守维落水而死，第三四九旅也大部被歼，韩德勤率千余人向兴化逃窜。为扩大战果，新四军猛追韩德勤余部，占领海安。在到达东台后，新四军本着"有理、有利、有节"的原则，于当日停止了追击，主动结束了这场决战。

黄桥决战，共歼国民党军1.1万余人，俘团长以上军官10余名，其中包括其第三十三师师长孙启人、九十九旅旅长苗瑞林等。缴获长短枪3800余支，轻重机枪189挺，山炮3门，迫击炮59门，还有大量弹药和军需物资。

10月8日至12日，中共中央连续电告新四军北上，已渡的陈毅部经黄桥决战已在苏北站稳脚根。

抗日救亡歌咏运动展开

1935年一二·九运动时，北平学生在群众集会、救亡宣传和示威游行时，都高唱各种救亡歌曲，并成立各种歌咏组织，在各大中学校开展救亡歌咏活动。天津、上海、南京、武汉、长沙、广州等数十个大中城市也相继进行了救亡

歌咏活动。从此，全国规模的抗日救亡歌咏运动蓬勃展开。

　　早在1931年九·一八事变发生后，民族危机日趋严重，各阶层的中国人民纷纷要求抗日救国，音乐界人士也创作爱国歌曲作为响应。中国共产党领导的左翼音乐组织，积极从事以抗日救亡为中心的音乐工作。聂耳等创作了《义勇军进行曲》、《毕业歌》、《自卫歌》、《前进歌》、《新编"九一八"小调》等战斗风格强和非常大众化的优秀歌曲，在社会上迅速传播，产生了广泛的影响。1935年初，由上海基督教青年会的刘良模发起的"民众歌咏会"和吕骥、沙梅等主持组织的"业余歌咏团"相继在上海成立。它为救亡歌咏运动的兴起作了组织上的准备，对群众歌咏运动起着指导作用。

　　一二·九运动前后，民族危机空前严重。1935年下半年，抗日救亡歌咏在上海举行了"聂耳追悼会"和"群众歌曲音乐会"两次音乐活动，有力地推动了群众歌咏活动的展开。在一二·九运动的推动下，抗日救亡歌咏运动迅速展开。1936年1月起，"平津学生南下扩大宣传团"又进一步把救亡歌曲传播到平津邻近的各县城乡，其他城市的大中学生也相继进行了类似的活动，从此，救亡歌咏开始向中小城镇普及。

抗日歌曲响彻祖国大地

　　救亡歌咏的热潮也推动了音乐界救亡歌曲的创作和救亡歌咏团体的发展。1936年初，词曲作者联谊会和歌曲研究会等创作队伍相继成立。一大批新的救亡歌曲，如《五月的鲜花》、《救亡进行曲》、《打回老家去》、《上起刺刀来》等迅速唱遍大江南北。救亡歌咏团体也如雨后春笋般地遍及全国各地。一批救亡歌集相继出版，报纸、电台也大量刊载、播放救亡歌曲，并冲破反动当局的阻挠，举行了"挽歌游行"（为鲁迅葬礼举行）、

从"九·一八"事变开始，曾大量捐款献物支援抗战的爱国华侨胡文虎夫妇合影。

1940 年 3 月陈嘉庚（前右 4）率领"南洋华侨回国慰劳视察团"回国慰劳抗日将士，在到达重庆时和欢迎者合影。前右 3 是南侨总会副主席庄西言，陈氏后为国民政府海外部部长吴铁城。

"援绥音乐会"、"赈灾音乐会"、"军民联合歌咏大会"等一系列重要歌咏活动，推动了救亡歌咏运动向纵深方向发展。

1937 年七·七事变揭开了全面抗战的序幕，把救亡歌咏运动也推向高潮。大批战斗性强、民族风格鲜明的抗战歌曲，如《大刀进行曲》《游击队歌》、《打回东北去》、《长城谣》等被源源不断地创作出来，迅速唱遍全国。数以百计的"战地服务团"、"救亡演剧队"、"抗战歌咏团"深入前线、工矿和农村，组织、传播救亡歌咏，形成了"有人烟处，即有抗战歌曲"的形势。为加强救亡音乐队伍的团结，1937 年 8 月上海成立了 50 多个歌咏团体参加的"国民救亡歌咏协会"。次年 1 月武汉也成立了包括全国音乐界各方面代表的"中华全国歌咏协会"。在中国共产党的领导下，冼星海等人在国统区组织了数百个歌咏团体，连续举办了"抗战扩大宣传周"、"七七抗战周年纪念"歌咏游行、"抗战献金音乐大会"、"抗战歌曲播送会"等数十万人参加的规模宏大的抗战歌咏活动。以延安为中心的各抗日民主根据地的部队、学校、机关的群众歌咏活动更是蓬勃展开，包括海外华侨也进行了救亡歌咏活动。

沈从文发表小说《边城》

1936 年，沈从文的中篇小说《边城》出版。小说描写的是 20 年代前后与四川交界的湘西一座小小边城的故事。作品讴歌人性，在人物身上体现了一种"优美、健康、自然，而又不悖乎人性的人生形式"，因而使小小边城形成了一个不分贫富，不讲地位，一律以诚相待，到处充满了爱的理想的环境，曲折地表示了作者对戕灭人性的现实的不满。小说境界情景交融，有诗一般的韵味，富有浓郁的乡土色彩，淳朴而浑厚；语言自然含蓄，如高山流水，

极具风致。

沈从文（1902～1988），现代小说家、散文家、历史文物研究家。沈从文的早期创作与后期创作虽风格迥异，但在思想上艺术上的发展一直保持着他个人一贯的特色。他的早期作品从形式到内容都比较驳杂，起初主要受鲁迅以故乡生活为题材的小说的启发，创作以乡土文学为主；后来受废名（冯文炳）以抒情笔调写小说的影响，发展了新文学中抒情体小说（或称诗体小说）这一形式。

沈丛文像

沈从文的作品总的思想倾向是向往一种健康的世态、富有人情美和心灵美的人与人的关系，恢复被"近代文明"所污染、所泯灭了的人性，表现这种思想倾向的代表有《柏子》、《虎雏》和《边城》等小说。同时，他以另一种写实的笔调揭露大都市中"绅士阶层"虚伪的面目和空虚的精神生活以及他们日趋堕落的情状，如《绅士的太太》《王谢子弟》等；对于某些知识阶层中"被阉割了的寺宦观念"，他也给予了抨击，如《有学问的人》、《八骏图》等。

由于他在文学创作上坚持现实主义原则，艺术上确有自己独到的特色，不但注意细节描写的真实性，同时还结合浪漫主义的表现手法，所以使他的小说和散文浸透出乡土抒情诗的气氛，创造了一种充满诗情画意的牧歌意境。

全国大迁移

"九·一八"，从那个悲惨的时候起，中国的土地上就开始出现大规模的逃难、流亡和迁移，随着日本对华侵略战争的扩大，所波及的面越来越广。

1937年卢沟桥事变后不久，日本侵略者的炮火就逼近了上海，妄想迅速摧毁长江三角洲这个经济中心，从而达到控制我国经济命脉的罪恶目的。我国为了保存经济建设的实力，生产支援抗战的军需物资，并开拓和发展大后

满载内迁物品的船队，溯长江入川，水路
险急处，纤夫们拉着纤绳，拖着船只艰难
地行进。

迁徙中的难民

河南郑州的豫丰纱厂内迁到四川

方工业，东南沿海的爱国的实业家、工
商业者和科学家纷纷集议，计划举厂内
迁。国民政府行政院责成资源委员会主
管迁移上海及沿海各地工厂的工作，对
迁移地点、办法、运费及生活费等都作
了详细规定；并在苏州、镇江和武汉等
地设立了办事处，协助中途转运工作。

8月13日，上海的拆迁工作刚刚开
始，淞沪战争的枪炮就打响了，敌机大
举轰炸，到处硝烟弥漫，经过各界各方
同心协力，第一批内迁工厂顺昌、新民、
上海机器厂和合作五金厂等4家的机件，
于当月27日经苏州河运出。而后，又有
一些工厂和著名商业公司行号经苏州河
陆续迁移。上海失陷后，迁移各厂不断
改道易地，长途转辗，历尽艰辛，突破
敌人封锁。

10月间，上海工厂迁移监督委员会
工作结束，工厂迁移的重心移到了武汉。
在武汉，刚迁来的工厂一面寻找场地复
工，及时赶制枪炮弹药和被服积极支援
前线；一面还在从长计议，准备继续内
迁。1938年6月29日，日寇逼近马当防线，
武汉各厂又开始再拆再迁。

在上海工厂内迁的同时，沿海和其
他各城市工厂的迁移工作也在积极进行。
1938年春，我国北方最大的一家纺织厂
裕丰纺织厂从黄河起步，将8000吨机器
设备由铁路南运汉口，再换装380条小
船，穿过水流湍急的三峡向四川驶去。

其间有120条船沉入三峡，但其中99条又被船工打捞上来。不知经过多少艰险，终于在1939年4月到达重庆。

截至1939年底，各地内迁工厂共140家。其中包括：钢铁工业1厂、机械工业168厂、电器工业28厂、化学工业54厂、纺织工业92厂、食品工业22厂、教育用品工业31厂、其他工业14厂。其后，湘、赣、豫省工厂继续内迁，到1940年底，内迁工厂共639家，器材达12万吨，历时3年半的中国有史以来第一次工业大迁移暂告结束。就这样，在以重庆为中心的西南川、黔、滇3省，建成了门类比较齐全的战时工业基地。

工人在搬运拆卸下的机器。中国的抗战使沿海的产业工人抛妻别子，拆卸机器，随着西撤的大军向大后方转进，另建工厂从事生产，支持抗战。

大学的搬迁工作，几乎和工厂的迁移同时进行。教育界的许多名流、学者、专家、教授和学校的师生员工，为了尽量避免敌人毁灭我高等教育，保存民族教育之国脉，组织濒临战争前线的平、津、京、沪、杭以及冀、鲁、晋、湘、鄂、粤、桂等省市的高等院校，相继迁移至西南大后方。当时形势严峻，在108所高等院校中，有94所不是内迁，就是被迫关闭，迁校工作在紧张地进行。当日

成千上万担挑肩扛的人，拥挤在大迁移的道路上。

军进入广州南郊时，中山大学的学生还在广州北郊撑着装有图书馆藏书的船坚难地前进。各大学当局在克服了日机轰炸和战争绵延的种种困难，终于把许多高等学府分别迁到各安全地点。据1939年的统计，日军彻底破坏了我国54所大学和专门学校，使我国在文化教育上的损失达21700万元，当时的流亡大学有大学生4万多名。但是，1939年秋，我国的教育系统在内地又重新建立了起来。

　　这些内迁院校大多集中在重庆、成都和昆明附近。在国难当头的艰苦环境下，许多学者、教授枵腹从公、呕心沥血、为国育人，各校莘莘学子含辛茹苦，为拯救国家、民族的垂危奋力求学，并造就了后来建设祖国的重要力量。

　　当时工厂和大学的迁移是比较有组织的，而上百万农民和城市居民却被日军逼得四散流亡。他们有的步行，有的坐舢板或轮船，也有的乘火车或人力车，背井离乡。数千人挤在正通过三峡的轮船；几十万人就像密密麻麻的蚂蚁排列成蜿蜒曲折的队形在山道上行进，构成了不堪展读的"难民图"。没有人估计过因疾病、曝晒或饥饿而倒在路旁的人有多少，他们的白骨可能至今仍遗留在被迫涉足的小路上。

沦陷区人民的血泪

苍凉乱离后，几家一孤城。

侵华日军在"无人区"残暴地进行"集家并村"，把小村子并到大村子里，称之为"部落"。这是名为"碾子沟"的"部落"。

　　日本帝国主义自1931年制造"九·一八"事变、侵占东北三省后，疯狂地扩大侵华战争，直至占据中国半壁河山，使广大沦陷区人民长期处于饮泪泣血、朝不保夕的苦难之中。

　　在沦陷区中，人民在政治上绝无自由。日伪军宪警特在任何地方都可以搜查、逮捕、侮辱和杀害中国人民。日本侵略军经常随口制造理由，集体屠杀平民百姓。被控制的邮电机关不断随意检查信件，对发现的所谓"思想不良"的中国人常严刑审讯，迫害致死。在经济上，由于日军的攫夺和焚烧，沦陷区粮食匮乏，粮价飞涨，大中城市都实行粮食配给制。群众普遍挨饿，冻馁而死的人不计其数。在文化上，日伪强硬推行奴化教育政策，将中国原有的宣传出版机关、学校和图书馆等，或破

坏,或改组,还残杀坚持抗日的学生、教员和其他知识分子。他们列日语为各级学校的必修课,强迫使用他们所编的贯穿奴化教育思想的教材,删去历史和地理中激发爱国思想的内容,妄图使中国青少年都成为侵略者的"顺民"。日伪还暗中大量劫掠中国文化资料和历代珍贵文物运往日本,使中国文化蒙受了巨大的损失。

1940 年,在大同煤矿井下作业的矿工,日本帝国主义者剥削我国廉价劳动力,掠夺我原煤。

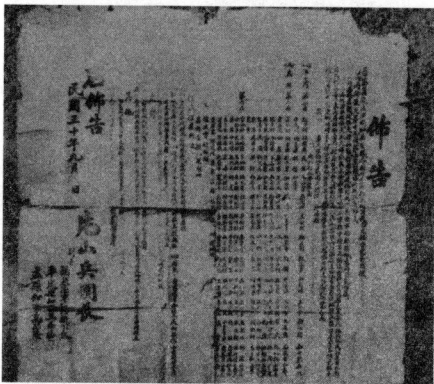

在沦陷区,日本侵略军为了镇压中国人民的反抗,用尽了炸杀、枪杀、烧杀、熏死、饿死、毒死、刀砍、刀刺、棒打、钉杀、刑杀、沉水、活埋等灭绝人性的残酷手段,在东北、华北、华东、华中和华南等地区,制造了无数前所未闻的惨案,成千上万无辜的中华儿女,乃至侨胞和盟友,都成了日本法西斯暴行下的冤魂。其中有难以数计的中国女性,包括老妇和幼女,还惨遭凌辱、强奸或集体轮奸,其疾痛惨怛之状,非笔墨所能形容。

侵华日军片山兵团发布的制造"无人区"的布告,企图围起"人圈"来,割断老百姓和抗日军队的联系。

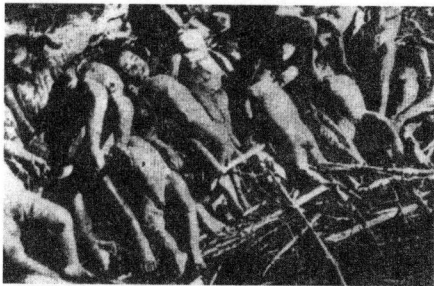

更令人发指的是:日本侵略军竟将他们屠刀下的中国平民的肉,用糖、姜腌渍成人肉条,以供食用。据一位当年在中国被日军俘虏过的澳大利亚老兵控诉说:1943 年 2 月,他运送过 300 箱人肉条到关押盟军战俘的集中营。部分日本士兵和 1000 多名盟军战俘吃了这些与自己同类的东西。

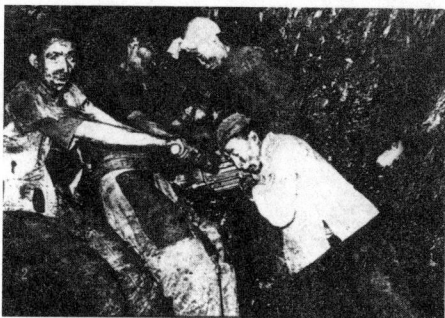

辽宁铁岭龙尾山的日军刺杀我幼童之后,集薪待焚。

侵华日军屠杀我同胞后的狰狞面目。

日本侵略军把所杀的我同胞的首级挂起来示众。

日军入侵上海，大批难民从虹口、闸北
地区经外白渡桥逃入租界。

侵华日军荷枪实弹监督我国民工为其修
筑铁路。

　　此外，日本侵略军为了支撑侵略战争，对中国的人力和物产资源也极尽掳掠之能事。他们到处驱逼劳工，修造各种军事工程，一旦工程遂成，劳工就秘密被杀害；还将劳工赶到中国的工厂和矿山，或押往日本当苦力，压榨得九死一生。他们全面推行以中国人的性命换取矿产资源的"人肉开采"政策。他们从中国掠去的是无数宝藏，而在各地留下的却是白骨枕藉的"万人坑"。

　　日本帝国主义者发动的全面侵华战争是中国人民的大浩劫。

　　中国"金瓯"一半被铁蹄踏碎，富庶地区绝大部分被占领，遭破坏。据不完全统计，全国930余座城市曾被侵占，其中大城市占全国的80％以上。全国直接蒙受战争祸害的灾区人口达2.6亿以上，流离失所、饥寒交迫的难民难以计数。中国人民在这场战争中伤亡达3500万，直接财产损失600多亿美元。

张大千临摹敦煌壁画

　　1940 年，张大千赴敦煌临摹历代壁画，前后一共两年零 7 个月，敦煌之行，轰动了文化界。张大千（1899～1983），名权，后改作爰，号大千，小名季爰，生于四川内江，祖籍广东番禺。他青年时代，从师于曾熙、李瑞清，与吴昌硕、黄宾虹等人常有交往，曾潜心于历代名家杰作，对石涛十分推崇。1936 年，出版《张大千画集》，徐悲鸿为其作序，称"五百年来一大千"。1938 年，他张大千在四川青城山上清宫临摹宋元名迹。1940 年，赴敦煌临摹历代壁画，共摹 276 幅，并于 1943 年出版《大风堂临摹敦煌壁

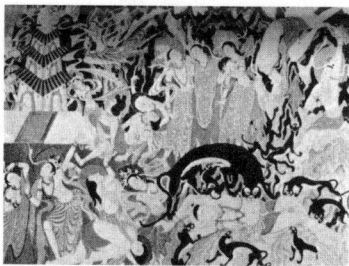

张大千《并蒂莲》

画》。1950 年，他留居印度产大吉岭，临摹阿旃陀石窟壁画，与敦煌壁画作比较，其后，曾移居阿根廷、巴西和美国，1978 年移居台北，居台北摩耶精舍。他于 1983 年 4 月 2 日逝世。张大千晚年所作《长江万里图》，标志他创作的高峰期，泼彩成为他最富个性的画法。张大千晚年这

张大千临摹敦煌莫高窟壁画

一突变，意味着他的艺术风格转向现代画风。在此之前，他主要是临摹古迹，从石涛、朱耷一直向前摹徐渭、陈淳及宋元诸家作

张大千《庐山图》

品，直到临摹敦煌壁画，其间画风由最初的近似石涛、朱耷而变为晋唐宋元风范。张大千临摹敦煌壁画，并为莫高窟重新编号，出版《大风堂临摹壁画》，促进了艺术家和史学家对发掘敦煌宝藏的兴趣。

民国

1941A.D.

1月，国民党顽固派制造皖南事变。5月，延安整风运动开始。8月，陈纳德飞虎队来华。12月，日本发动太平洋战争。12月9日，国民政府正式对日、德、意宣战。

1942A.D.

1月，中国军队第三次长沙大捷。2月，中国远征军入缅助英军作战。3月4日，中国战区盟军总参谋长史迪威抵重庆就职。4月，中国远征军克仁安羌，救出英军。5月，日军对冀中进行"五一大扫荡"。12月，各抗日根据地开展大生产运动。

1943A.D.

3月20日，毛泽东任中共中央政治局和书记处主席。11月，中美英首脑举行开罗会议。

1944A.D.

4月，日军发动豫湘桂战役。

1945A.D.

3月27日，中国远征军与英印军会师。4月，中国共产党第七次全国代表大会在延安召开。7月26日，中、美、英三国发表《波茨坦公告》，促令日本无条件投降。8月8日，苏联宣布对日作战。次日，苏军进入中国东北各省。8月28日，毛泽东到重庆和国民党谈判。10月10日，国共双方代表签署《政府与中共代表会谈纪要》。8月15日，日本政府宣布无条件投降。蒋介石为日本投降向全国军民发表《对日抗战胜利告全国军民及世界人士书》。9月2日，日本正式签署投降书。9日，中国战区日本投降典礼在南京举行。12月1日，昆明"一二·一"惨案发生。

1941A.D.

德国入侵苏联。《大西洋宪章》发表。

1942A.D.

美军进攻北非。美国制成电子计算机。

1943A.D.

斯大林格勒战役胜利。墨索里尼被推翻。意大利向德国宣战。

1944A.D.

诺曼底登陆。巴黎解放。红军反攻，进入波兰、匈牙利。

1945A.D.

苏军攻占柏林。希特勒自杀。"欧洲战争胜利"。美国使用原子弹。日本投降，二战结束。

皖南事变发生

1941年1月4日，叶挺、项英遵照中共中央命令，率领新四军军部、教导团、特务团和第一支队、第二支队、第三支队的两个团，共9000余人，由泾县云岭出发，计划经茂林，越不岭，取道旌德、宁国、广德、郎溪到苏南溧阳，然后从镇江相机渡江北上。6日，新四军行至泾县茂林地区时，遭到国民党军的包围。顾祝同、上官

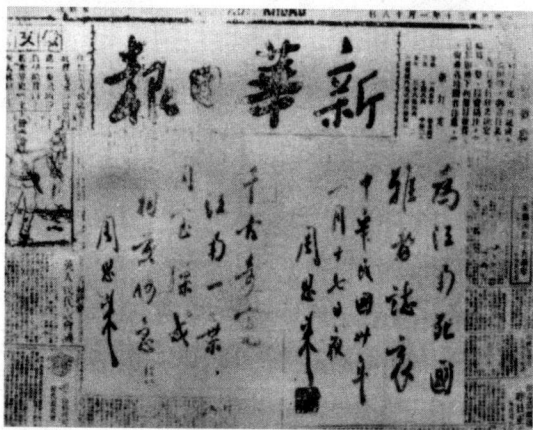

皖南事变发生后周恩来在《新华日报》发表的题辞。

云相指挥国民党军新七师、第四十师、第十六师、第五十二师、第七十九师、第一〇二师、第八十三师、第一四五师、第六十五师、第一四四师以及两个炮兵旅，共8万余人，利用有利地形，作了周密布置，准备一举围歼新四军。

1月7日，毛泽东、朱德电令叶挺、项英："你们在茂林不宜久留，只要宣城、宁国一带情况明了后，即宜东进，乘顽军布置未就，突过其包围线为有利。"这时，北移新四军先头部队在星潭附近又遭顽军拦击。乘部队对星潭实施攻击的机会，项英在百户坑召集会议讨论部队行动方向。会议对攻下星潭后能否向苏南转移，认识不一致，争论达7小时之久。至晚12时，终决定部队改向西南方向行动，经廉岭和高岭转向太平，待机再向苏南转移。这一决定打乱了原定的行动计划，导致队伍陷入国民党军的重围之中。8日夜，国民党军发起猛攻，包围圈愈缩愈小，叶挺果断指挥，身先士卒，率部突围。而后转至茂林以东5公里的石井坑，正当整顿队伍，准备继续突围时，又遭

1941年1月，新四军军部及直属部队9000多人奉令向北转移至皖南泾县茂林地区时，遭到8万多国民党军队的伏击，除傅秋涛等率2000余人突围外，大部阵亡或被俘。军长叶挺被扣，副军长项英等遇难。史称"皖南事变"。图为突围出来的新四军一部。

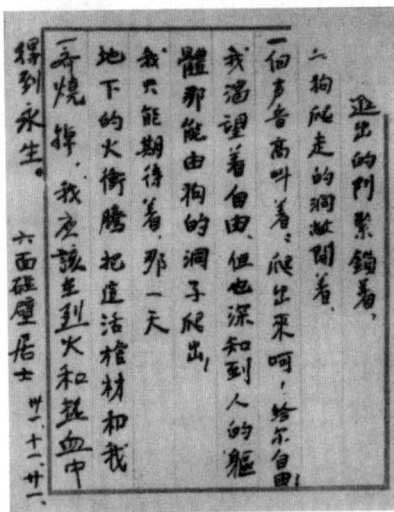

叶挺被俘后，1942年11月21日在国民党渣滓洞监狱写下的诗《囚歌》。诗稿由他夫人李秀文带出集中营，经郭沫若转交中共中央。

顽军第四十师、第五十二师、第一〇八师、第一四四师等部的围攻。

11日，毛泽东、朱德、王稼祥将此情况电告周恩来，并要周在重庆向国民党当局提出严重抗议，坚决要求其在皖南停止进攻，撤围让路。蒋介石一面口头答应下令查处，一面却督令顾祝同加紧围攻，务期"一网打尽，生擒叶项"。皖南新四军在叶挺指挥下，多次打退顽军的进攻，但因仓促应战，地形不利，寡不敌众，弹尽粮绝，经八昼夜血战之后，至14日，除2000余人分散突出重围外，新四军指战员部分被俘，大部壮烈牺牲。军长叶挺和新四军政治部敌工部长林植夫、政治部秘书黄诚在根据组织决定与上官云相谈判时被扣，政治部主任袁国平在突围中牺牲。这就是震惊中外的"皖

南事变"。蒋介石一手制造了皖南事变之后，竟于 17 日以国民政府军事委员会的名义发布通令，诬蔑新四军为"叛军"，宣布取消新四军番号，并将叶挺军长"革职"、交付"军法审判"。至此，国民党发动的第二次反共高潮达到了顶峰。

1 月 18 日，中共中央发言人对皖南事变发表谈话，谈话指出：新四军"转战大江南北，抗御强敌，屡建奇功，不但国人尽知，亦为环球所共见"。新四军在皖南事变中遭到围歼，"实系亲日派阴谋家及反共顽固派有计划之作品"。

1 月 18 日发行的《新华日报》上登载着周恩来的题诗："千古奇冤，江南一叶，同室操戈，相煎何急?!"诗上首赫然入目地写着另九个狂草大字："为江南死国难者志哀。"

1 月 20 日，中共中央军委发布重建新四军军部的命令：命令以华中总指挥部为基础，重建新四军军部。任命陈毅为新四军代理军长，刘少奇为政治委员，张云逸为副军长，赖传珠为参谋长，邓子恢为政治部主任。

中日豫南、上高、中条山会战进行

中国第 5、第 9 和第 1、第 2 战区的部队从 1941 年 1 月开始，分别与来犯的日军进行了豫南、上高和中条山会战。

豫南会战 1941 年 1 月下旬，日军第 3、17、40 师团及第 13、39、34 师团各一部向豫南进犯，即遭中国第 68 军的顽强抵抗，未能奏效。25 日，日军主力由信阳、罗山地区沿

中国骑兵部队在豫南出击。

平汉铁路及其两侧，分 3 路向遂平、舞阳、上蔡地区进攻。中国第 5 战区一部于正面节节抵抗，牵掣日军主力，一部向敌后截断其交通，以主力由外翼

侵华日军轻炮兵在黄河以南遇上中国军队，双方展开血战。

中国军队的旗帜插上了城头。

侧击而击破日军的进攻。1月26日至27日，日军各路分别进至泌阳、高邑、确山、邢店、沙河店、驻马店和汝南等地。此时，中国第31集团军以第85军由临泉向上蔡附近机动前进，第13军由舞阳向象河关附近逼近；第2集团军以第68军向象河关以南的日军尾击，第55军由南阳向唐河方面前进。29日，左翼日军在尚店、小史店附近遭我军猛烈攻击，右翼日军在上蔡、汝南间遭中国军队侧击。此时，日军后方交通线受到我军袭扰，弹药已不多，遂于1月30日开始撤退。日军在返回途中，于2月4日攻陷了南阳，企图与由舞阳经象河关南返部队共同夹击唐河、泌阳地区中国守军，但均未得逞。在中国军队的打击下，日军各路均败退信阳地区。此役，日军共伤亡9000余人。

上高会战于1941年3月15日黎明开始，日军第34、33师团及独立混成第20旅团分北、南、中三路：一路由安义向奉新、棠浦进犯；一路由南昌沿锦江北岸，向高安、上高进犯；一路由锦江、赣江合流处之夏口南渡锦江，向灰埠方向进犯。第9战区赣西方面的中国军队主力，以第70军守卫靖安、奉新、大城、市汊街的第一线阵地；以第49军守卫市汊街、丰城、樟树等赣江东岸阵地；以第74军配置于上高地区，在节节抗击日军进攻中，不断伺机给敌以反击。22日至24日，日军第34师团在飞机的支援下，向上高以东第74军阵地猛攻，双方反复争夺，伤亡惨重。由于中国74军的顽强抵抗，为友军合围赢得了时间。随后，中国第70军南下进至杨公圩、官桥之线，第72

军进至水口附近，与由锦江南岸北上的第49军形成对日军侧后的包围。26日夜，日军主力突围，向高安、奉新退却。中国各集团军乘势追击、截击，在官桥、杨公圩、龙潭街等地各截歼日军一部。至4月2日，先后收复高安、奉新、西山万寿宫及安义外围要点，恢复了会战前的态势。此次作战，日军遭到包围和有力打击，最后不得不在后援部队接应下突围溃逃，伤亡达15000余人。

中条山会战于1941年5月7日开始，日军为巩固其占领区，向中条山地区发动了大规模进攻。当时豫北、晋南之敌除第35、36、37、41等师团和第3、4、9等独立旅团外，还由华北、华中调21、33等师团又5个联队及大批伪军，附300架飞机和化学部队，约20万人左右。中国第1、第2战区在该地区的兵力主要有7个军。中国以第80、第3、第17军守卫中条山西部，以第43、第98、第15军守卫中条山北侧，以第9军守卫中条山东侧。从5月7日开始，日军在大批飞机的掩护下，分4路实施全面攻击。日军一部分别从中条山西侧之闻喜、解县（今运城南之解州）及茅津渡附近向东发起进攻；8日，由张店镇附近突破我守军阵地。日军另一部由翼城、侯马、绛县地区起，采取中央突破战法，向第43军阵地猛攻；激战至次日，突破阵地正面；守军数次反攻，均未奏效。至8日，日军占领垣曲。此时，中条山被日军截为东西两部分。9日，垣曲的日军分别向东西两面扩张。至12日，东犯的日军占领邵原，与由东面突入的日军会合；西犯的日军控制了黄河北岸各渡口。中国守军第3、第17军各部遭到日军围攻，奋力突围，一部向汾河以西转移，一部南渡黄河。由阳城向西进攻的日军，在董封东西一线遭到第98军顽强抗击，直至12日，日军得到增援后才攻

上高会战中，中国指挥官身先士卒，率部冲锋。

占董封东西一线。14日以后，日军一面封锁黄河各渡口，一面继续在山区反复"扫荡"，中国留置山区的守军损失甚重，分别向黄河南岸突围，一部分突围后转向吕梁山区。此役，军长唐淮源、师长石作衡、寸性奇、王竣等以身殉国，但中国官兵仍在极端困苦的情况下枵腹血战，英勇杀敌。

延安和各抗日根据地在抗战中发展壮大

抗日战争时期，中国共产党高举团结抗日、民族解放的旗帜，独立自主地在华北、华中和华南的广大地区建立了10多个抗日根据地，以之坚持了持久战，争取了抗日战争的最后胜利。

1937年9月，根据国共谈判的协议，原陕甘宁苏维埃区域，改名为陕甘宁边区，成立了边区政府，辖23个县。延安是陕甘宁边区首府，中国共产党中央的所在地，成为抗日战争敌后战场的指挥中枢。陕甘宁边区面积近13万平方公里，包括陕西、甘肃、宁夏3省相接的各一部分地方，人口约150万。在这里，中国共产党以自力更生、艰苦奋斗的精神，团结和调动了各阶层人民群众的抗日积极性，实行"精简、统一、效能、节约和反对官僚主义"的措施，使边区政府成为模范的抗日民主政权。在这里，毛泽东、朱德、刘少奇、周恩来、彭德怀等中共领导人，运筹帷幄，指挥八路军、新四军及其他武装力量，深入敌后，发动群众，广泛开展游击战争，在华北建立了晋绥、晋察冀、晋冀豫、冀鲁豫、山东和河南等抗日根据地；在华中建立了淮北、淮南、皖江、苏北、苏中、苏浙、浙东和鄂豫皖湘赣等抗日根据地；在华南建立了琼崖抗日根据地和广东抗日游击根据地。

中国抗日战争形势的突出特点是敌强我弱、敌小我大。日本帝国主义者凭借其军事上的绝对优势，

抗日战争中的延安

在很短时间内占领了中国的广大领土，但由于他们的国家小、兵力不足，在占领区只能控制交通要道和城市，而广大乡村则成为其控制薄弱、力量空虚的地带。中国共产党根据这个特点，领导和发动人民进行普遍的游击战争，将敌人的后方变成他们的前线，导致敌人在其整个占领区无法停止战争，大量兵力受到牵掣，这就有效地削弱了敌人在正面战场的进攻气焰。

抗日战争进入相持阶段后，陕甘宁边区和各抗日根据地遭到封锁和包围。在边区政府提出自己动手、克服困难的号召下，边区掀起了大生产运动，度过了难关。在艰苦的岁月里，延安和各抗日根据地是大批知识分子、革命青年和爱国华侨的向往之地。延安和陕甘宁边区先后办过20多所干部学校，为抗日战争培养和造就了大批干部和人才。当时抗日军政大学的校歌唱道："黄河之滨，集合着一群中华民族优秀的子孙，民族解放救国的重任，全靠我们自己来承担……"这里培养的无数人才，为民族解放、抗战胜利献出了自己的智慧、才华，乃至于生命。

八路军坚持敌后游击战

抗日战争开始后不久，日本侵略军占领了中国的许多大城市和交通要道，但由于兵力不足，无法占领广大的农村，使农村成了敌人统治的薄弱环节和后方。面对日军不断向我内地深入侵犯的形势，中国共产党领导的八路军和新四军，根据毛泽东的决策，分成许多支队，奋勇地向敌人的后方挺进，建立自己的基地，点燃游击战的烽火，在广阔的地域上开辟了抗日战争的敌后战场。

抗战初期，共产党在各地通过组织游击队、自卫队，进行战争动员、武装起义和争取、改编游击武装等方式扩大了军队，新建了许多抗日武装。抗战中期，敌后战场已形成了主力军、地方游击兵团和人民自卫武装三种武装力量相结合的体制。于是，以主力部队和地方基干兵团为骨干，以广大群众为基础，组织党、政、军、民各方面的力量，展开了群众性的人民游击战争，使侵略者在其整个占领区时时遭到抗击，一刻也不得安宁。敌后也变成了抗日前线。主要由共产党领导的敌后战场与主要由国民党承担的正面战场相对独立，又相互配合，构成了中国抗日战争的整体。

敌后军民在游击战中创造和发展了许多灵活、巧妙的新战法，如地道战、地雷战、破袭战、"麻雀战"等等，经常有效地用于袭扰和消灭日军，使敌人攻防无措、疲于奔命。

地道战创始于华北的平原地区，最初只是构造了简单的地窖，作为秘密的战斗基点。随着斗争的需要，这些秘密地窖开始打通，发展为村村相连、户户相通、设有瞭望、射击、暗堡等设施的战斗地道。广大民兵和游击队以地道为依托，由村内打到村外，由地面打到地下，神出鬼没地打击敌人。

地雷战是一种群众性的游击战法。敌后战场的群众就地取材，自制各种地雷。他们在公路、铁路、村口、家门口到处布下地雷阵，就连儿童也学会了埋雷，使敌人寸步难行。

抗日民主根据地兵工厂

破袭战是迟滞敌人运动的一种战法。利用黑夜撬毁铁路，使敌人的交通运输瘫痪；破坏公路、桥梁，使敌人的摩托化部队无法通行；割断敌人的电线，使敌人的通讯联络失灵。此外，还动员广大群众平毁敌人的封锁沟或封锁墙，打破了敌人对根据地的分割和封锁。

"麻雀战"是到处散布许多小组武装，灵活而快速地对付敌人的战法。游击队和民兵三五成群，采取出没无常的行动，像麻雀一样到处速战速散，巧妙地杀伤、消耗、迷惑和拖倦敌人。

此外，还有敌后武工队，这是深入到敌后之敌人心脏里的精干的武装工作队，斗争方式多样，有文有武，有明有暗，经常配合外线部队作战，达到里应外合以摧毁敌伪政权的目的。

中国抗日战争演出了人类游击战争空前伟大的一幕。松花江畔，长城内外，中原大地，珠江两岸，五指山下，游击战的烽火遍地燃烧。特别是各抗日根据地，军民一条心，不怕物质条件的严重困难，充分发挥人的机智、勇敢，男女老少都直接参加战斗，甚至连儿童也参加站岗放哨。日本侵略者在正面战场和

敌后战场的两面夹击下，首尾难以相顾，陷入到处挨打、饥疲交困、苦于奔命、焦头烂额的境地。

冀中抗日根据地对日展开"地道战"、"地雷战"

1941年2月，侵华日军华北方面军根据大本营和派遣军总部的计划，下达1941年度的《肃正建设计划》和"剿共"政策纲要。为加强华北方面军，日军总部又从华中抽调第十七、第三十三师团到华北，从而使华北日军兵力达到11个师团和12个独立混成旅团共约30万人，另外，尚有伪军10万余人。在华北战场上，国民党军队约有50万，不断向八路军抗日根据地进行军事进攻和经济封锁；同时，又有3万余人公开投敌，与日军的"扫荡"、"蚕食"、"治安强化运动"相配合，向八路军进攻，使华北敌后抗日进入严重困难时期。

随着反"蚕食"斗争的日趋尖锐、残酷，冀中蠡县一区的群众在斗争实践中总结经验，逐步把孤立的隐蔽洞改造成地道。冀中区党委及时推广了人民群众在对敌斗争中改造平原地形的这一创举，并在斗争中不断完善。许多地方形成房房相通，村村相联，进出方便，能藏、

1941年8月，日军"扫荡"晋察冀抗日根据地。9月，在河北易县狼牙山战斗中，担任俺护任务的八路军第一军分区第1团7连6班的5位士兵，牵制日军3000余人，并诱敌深入狼牙山绝地。5位士兵弹尽粮绝跳崖殉国，其中有2人负伤脱险，后被誉为"狼牙山五壮士"。图为脱险的葛振林（右）和宋学义。

庄稼组成的"青纱帐"成为掩护八路军的天然掩体。图为埋伏在"青纱帐"里的八路军士兵。

晋察冀边区的民兵在日军将要经过的河滩上埋地雷。

抗日根据地军民进行地道战

能防、能打、能机动的完整的战斗地道体系。地道战、地雷战和其他多种斗争形式相结合，成为坚持平原作战的有效办法。

6月，日伪军2万余人分别由保定、固安、安新、新城等地出动，采取四面包围、逐步压缩的办法，向大清河以北八路军冀中第十军分区节节逼近。八路军第十军分区部队以分散的游击战与日伪军周旋。15日转至容城以西地区，日军追击，形成第二次合围。因众寡悬殊，再战不利，第十军分区除留少数部队坚持斗争外，机关及主力部队随即转移至白洋淀附近地区，并在以民兵组成的白洋淀水上"雁翎队"配合下，利用湖泊、水荡、芦苇草丛，时而分散、时而集中、时而水上、时而陆地，灵活机动地打击"扫荡"日伪军。

12月，冀中抗日根据地对1941年抗日军民反"蚕食"反"扫荡"斗争进行统计：从今年3月起，日军开始对冀中根据地进行全面"蚕食"，到年底，日伪军在冀中建立了碉堡1026处，修公路2140公里，建封锁沟、墙1760公里。为配合"蚕食"，日伪军进行了68次"扫荡"，冀中根据地军民以游击战、地雷战、地道战来反击日伪军。一年中，主力部队作战1260多次，毙、伤、俘日伪军18.6万余人，攻克了安平、文安等县城，有力还击了日伪的"蚕食"和"扫荡"。但因敌强我弱，冀中根据地在这一年缩小了。

中共中央机关报《解放日报》开办

1941 年 5 月 16 日，中共中央机关报《解放日报》在延安创办出版，取代了原机关报《新中华报》，毛泽东为其题写报头并撰写发刊词。

抗日战争进入相持阶段后，为了适应抗日民主根据地和中国共产党领导的抗日武装力量日益发展的新形势，加强宣传指导工作，中共中央决定将《新中华报》和专门刊载电讯新闻的小报《今日新闻》合并，出版《解放日报》。该报为对

《解放日报》《向导》等报刊

开 1 张，1942 年 8 月起兼中共中央西北局机关报，1947 年 3 月随人民解放军主动撤出延安后，出至 27 日停刊，共出 2130 期。1949 年 5 月 28 日在上海创刊的《解放日报》则为中共上海市委兼中共中央华东局机关报。

《解放日报》创办不到半年，苏德战争和太平洋战争先后爆发，该报科学地分析了当时的国际形势，明确提出建立世界反法西斯国际统一战线。《解放日报》在内容上初以刊载国际新闻为主，存在着脱离实际和群众的倾向。延安整风后，它改以报道抗日民主根据地的新闻为主。中共中央和各中央局、分局的领导人经常在此发表文章。毛泽东的重要著作《改造我们的学习》、《反对党八股》、《整顿党的作风》、《在延安文艺座谈会上的讲话》都首先在该报发表。他还经常亲自为该报撰稿、修改社论、评论和消息。

该报在研究、阐述、宣传无产阶级的办报思想理论方面作了许多奠基性的工作，发表了大量这方面的文章和社论。如《把我们的报纸办得更好些》、《报纸和新的文风》、《党与党报》、《本报创刊一千期》、《新闻必须完全真实》和陆定一的《我们对于新闻学的基本观点》和胡乔木的《报纸是人民的教科书》

等，对无产阶级新闻观和资产阶级新闻观的界限、全党办报的方针、党报的性质和作风及新闻工作的党性原则等基本理论问题作了较系统的论述。

作为中国共产党领导地区的第一个大型日报，《解放日报》在抗日战争和第三次国内革命战争初期发挥了党的喉舌的作用，是中国共产党的重要思想舆论宣传阵地并且在办报思想、方针、性质和作用及文风、新闻观等方面奠定了中国无产阶级新闻学理论的基础，其影响深而且远。

太平洋战争爆发·抗日战争进入新阶段

1942 年 1 月 5 日，蒋介石在重庆宣布接受联合国家的推举，就任中国战区最高统帅，中国战区正式建立。图为在夫人宋美龄的陪同下，蒋介石在就职书上签字。

1941 年底，太平洋战争爆发后，中日战争进入新阶段。

12 月 6 日，日军攻占香港，又攻占厦门鼓浪屿。12 月 9 日，国民政府对日、德、意宣战，12 月同上，中共发表《中国共产党为太平洋战争的宣言》。12 月 10 日，中国军队入缅对日作战，中国战场与世界反法西斯战场联为一体，美、英与中国正式结盟，在重庆召开了"东亚军事会议"。蒋介石出任中国战区最高统帅，美国将军史迪威为总参谋长。中国远征军进入缅甸配合盟军作战，给日军以重创。1942 年，中国从美、英国家得到大量贷款和军火物资援助。次年经过谈判，中国政府与美英等国签订新约，废除了不平等条款，取消了领事裁判权。中美英三国首脑举行开罗会议，商定了联合对日作战计划。此后作为世界四大国（美苏中英）之一的中国，积极参加组建联合国的活动。

蒋介石与陈纳德。陈纳德(1890～1958)，美国人，1937年应国民政府邀请，以私人身份到中国训练空军。1941年8月，陈纳德组织美国志愿航空队到中国参加抗战，称为"飞虎队"，隶属中国空军，有中美官兵270多人，战斗机100多架。

延安整风运动开始

　　1941年5月19日，毛泽东在延安干部会议上作了题为《改造我们的学习》的报告。报告深刻地批判了不注重研究现状、不注重研究历史、不注重马克

毛泽东1942年在延安给广大干部作报告。

思列宁主义的应用的主观主义作风，号召全党采取理论联系实际、实事求是的科学态度，有目的地去研究马克思列宁主义的理论，把马克思列宁主义的理论和中国革命的实际运动结合起来，依据马克思列宁主义的理论和方法，去研究周围的环境，研究近百年的中国史，废除静止地孤立地研究马克思列宁主义的方法。延安整风开始。

　　12月，党的重要文件《六大以来》正式出版。这本书是毛泽东主持编辑的。《六大以来》包括自1928年6月党的第六次全国代表大会以来至1941年11月的557个文件。这本书是整风运动准备阶段高级干部学习的主要读物。这本书未编成以前，即以活页形

式印发给在延安的高级干部学习。

1942 年 2 月，中国共产党在延安和各抗日根据地进行的整顿党的作风的运动，由准备阶段进入普遍整风阶段。针对党内存在的种种问题，去年 5 月，毛泽东作了《改造我们的学习》的报告，本月，又作了《整顿党的作风》、《反对党八股》的报告，指出整风运动的内容是"反对主观主义以整顿学风，反对宗派主义以整顿党风，反对党八股以整顿文风"。

自此，全党范围的整风运动开始。整风运动的学习文件是毛泽东的《改造我们的学习》、《整顿党的作风》、《反对党八股》，刘少奇的《论共产党员的修养》，陈云的《怎样做一个共产党员》，及其他有关文件和论著。整风运动的方针是"惩前毖后，治病救人"。其具体方法是：在学习文件的基础上，检查自己的工作、思想，开展批评与自我批评，找出错误产生的根源及克服错误的方法。党的高级干部还着重学习、讨论了党史。

中共营救在港名人

1941 年底，日军占领香港，大量在港人士滞留于此。1942 年 1 月，廖承志冒险由香港偷渡到九龙，在上海街一幢楼内和中共东江游击队政委林平具体研究了营救在港人士的工作部署，部署后即行动，共抢救出七八百人。其中有何香凝、柳亚子、邹韬奋、茅盾、梁漱溟、邓文钊、沈志远、张友渔、胡绳、羊枣、千家驹、胡风、戈宝权、蔡楚生、沙蒙、金山、于玲、凤子、蓝马、叶浅予等人，还有美、英、荷、印等国外交人员。

从香港转移到东江游击区的部分文化界人士。前二排：左 5 为茅盾，左 6 为凤子（女）；后排左 2 为戈宝权。

郭沫若创作《屈原》等历史剧

郭沫若在诗歌创作之外所取得的重要文学成就，当推历史剧的创作。他在抗战时期写的《屈原》等历史剧，形成了他文学道路上继《女神》之后出现的第二个高峰。

40 年代初，金山饰演的屈原剧照（《屈原》中张瑞芳饰婵娟）。

在 1941 年冬到 1943 年春一年多的时间里，郭沫若连续创作了 6 部历史剧，不仅数量多，而且思想艺术水平也达到了他戏剧创作的顶峰。《屈原》一剧是这些历史剧的代表作。40 年代初期，郭沫若生活在国民党统治区的重庆，目睹了"不少的大大小小的时代悲剧"，于是在 1942 年 1 月创作了《屈原》一剧，意在"借了屈原的时代来象征我们当前的时代"，"把这时代的愤怒复

重庆上演《屈原》的海报。

活在屈原的时代里"。该剧通过描写伟大爱国诗人屈原生活中极度紧张、激烈的一天，反映了在对秦外交问题上两种路线的斗争，歌颂了屈原坚持正义、不畏强权的爱国思想和斗争精神，从多方面影射了当时的现实。剧本成功地塑造了屈原作为伟大的政治家兼诗人的典型形象。深切的爱国爱民思想和大无畏的斗争精神是屈原最主要的性格特征。这些性格特征通过他忧国忧民、坚持合纵抗秦的正确路线和不畏奸党的侮辱陷害等一系列言行反映出来。最

抗战期间，上海戏剧界和电影界主要演员百余人，在蓬莱大戏院联合演出《保卫卢沟桥》。

国民政府军事委员会政治部第3厅广泛团结和组织文化界人士开展抗日活动。这是政治部副部长周恩来、第3厅厅长郭沫若等与第3厅工作人员、文化界人士在八路军驻武汉办事处合影。前排左起：周恩来（4）、郭沫若（5）、阳翰笙（10）、洪琛（11）。

中国青年救亡协会无锡青年抗敌工作团在街头演出抗日活报剧。

后一幕中的"雷电颂"，将屈原的爱国深情和反抗性格表现得淋漓尽致，使屈原的形象臻于完美。此外，剧本还通过屈原的《橘颂》，赞美桔子美好的质地，象征了屈原崇高的人格和优秀品质。《屈原》在艺术上也集中体现了郭沫若历史剧豪放、热烈和浓厚的浪漫主义风格，洋溢着诗一般的激情；人物形象融入了作者的主观性和想象力，个性鲜明；剧中语言富于诗的抒情意味。在郭沫若笔下，史与戏、戏与诗和谐统一，有巨大的艺术感染力。《屈原》的艺术结构也很紧凑巧妙，通过屈原生活中的一天，集中表现了多方面的矛盾斗争，折射出屈原的一生，具有高度的艺术概括力。《屈原》于"皖南事变"后公演，在号召人民争取自由民主、反对倒退分裂方面引起了巨大反响，在当时具有深刻的现实意义。它不仅是这一时期历史剧的最辉煌的代表作，而且是现代文学史上不可多得的艺术瑰宝。

在《屈原》之前，郭沫若重新加工了几经改动的《棠棣之花》，突出了"主张集合反对分裂的主题"；继《屈原》之后，1942年2月，郭沫若创作了与《屈原》题旨相近的《虎符》；1942年6月，郭沫

若根据《史记·刺客列传》中高渐离以筑击秦始皇的故事，写成了历史剧《高渐离》；1942 年 9 月，表现元代大理总管段功与梁王女儿阿盖的爱情悲剧的《孔雀胆》完成；1943 年 3 月，郭沫若又以明末青年爱国诗人夏完淳慷慨殉国的事迹为题材创作了《南冠草》。这些历史剧都以新的观点来反映历史的真实，具有鲜明的倾向性和时代性。

陈寅恪著《唐代政治史述论稿》

40 年代初，历史学家陈寅恪的专著《隋唐制度渊源略论稿》、《唐代政治史述论稿》先后出版。

陈寅恪以研究中国中古史的著述影响最大。他分析了东汉以后，中国社会中儒家大族与非儒家寒族在政治上形成了两个不同的集团，其势力的升降为当时政治演变的基础，又在《唐代政治史述论稿》中用宇文泰的"关中本位政策"所鸠合的集团兴衰和分化，解释唐代近三百年间统治阶级的升降，论证充分。此外，他在《隋唐制度渊源略论稿》中，精细入微地考察了隋唐时期的主要制度，如礼仪、职官、刑律、音乐、兵制、财政诸制，发其源而究

1940 年的陈寅恪

其变，提出关于"关陇集团"的概念，为后学提示了一个宏观地把握西魏、北周、隋代至初唐历史发展基本线索的关键，具有重要的学术意义。

陈寅恪精通梵文和多种西域古代语言。在音韵训诂和佛典、史籍校勘上多所发明，而对佛教在中国古代文学和社会思想的影响这方面的论述亦甚多，他精辟地指出，佛教在中国思想史上发生重大久远的影响，教义皆经历了被中国固有文化吸收改造的过程。

陈寅恪是自敦煌文书发现之后，从理论上全面而又科学地对这一新学科进行概括的第一人。"敦煌学"这一名词，是他于 1930 年首先提出的，他指出了敦煌文物与敦煌学的重大意义。

陈寅恪重视在学术研究中详细地占有可靠的史料，坚持实事求是的学风，他批判了史料学即史学的观点，力求通过考证来发掘历史事实及其内在联系，从而展示出事物发展的全过程，其成就较乾嘉诸学者更上一层。为了提高史料的可靠程度和开拓史料来源，在研究方法上，他开辟了以诗证史、以史释诗、诗史互证的治学新径。

作为博学多识的一代宗师，陈寅恪毕生从事学术研究和教学工作，培育出大批人才。

陈寅恪的研究范围甚广，他对魏晋南北朝史、隋唐史、宗教史（特别是佛教史）、西域各民族史、蒙古史、古代语言学、敦煌学、中国古典文学以及史学方法等方面都作出了重要的贡献。

侯德榜创"侯氏碱法"

侯德榜（1890~1974），字致本。福建闽侯（今福州市）人。清华留美预备学堂高等科毕业。后入美国麻省理工学院学习化工。1921年获美国哥伦比亚大学哲学博士学位。同年被范旭东聘为塘沽永利制碱公司技师长。从此成为范兴办化学工业的主要技术伙伴。1926年6月，在索尔维法保密的情况下，自行研制，生产出洁白的纯碱。其产品"红三角"牌纯碱在美国费城万国博览会和比利时工商博览会上获金奖，被誉为中国近代工业进步的象征。1935年被中国工程师学会广西年会公推为第一届金质奖获得者。1934年后，负责筹建中的永利化学工业公司宁厂的技术工作，引进美国氮气工程公司的先进技术，并亲自选购设备，监督施工，培训人才。

左权（1905~1942），八路军副参谋长（湖南醴陵人）。1942年5月，在十字岭对敌作战突围时，不幸中敌炮弹，壮烈牺牲。

1937年，宁厂建成投产，侯德榜出任厂长。陆续生产出合成氨、硫酸、硫酸铵、硝酸等产品。抗战期间，随永利化学工业公司往四川，协助范旭东在乐山五通桥建立永利川厂。因索尔维法制碱成本太高，而国外又实行技术封锁，遂决心自行研制开发。

1941年，制造纯碱与氯化铵的新工艺研制成功，经范旭东提议，命名为"侯氏碱法"。1943年完成了从合成氨开始的联合制碱流程，使大批量制碱变为现实。同年在中国化学学会第十一届年会上，"侯氏碱法"获"中国工程学会一届化工贡献最大者奖"。1964年，"侯氏碱法"实现工业化生产，正式命名为"联合制碱法"。

侯德榜的著作有《纯碱制造》(英文版、俄文版)和《制碱工学》(中文版)。除研制成功"侯氏碱法"外，并研制成功以碳化法生产碳酸氢铵的工艺，使化肥产量迅速增加。

侯德榜以其卓越的成就成为中国现代化工技术的奠基者。

中国军队入缅作战

1942年3月12日，中国远征军第一路入缅作战。根据《中英共同防御滇缅路协定》，中国方面在去年年底就已组建了赴缅远征军，但因英军阻挠，难以全面展开。直到日军占领仰光，英军力不能支、节节败退之际，英军才请求中国军队入缅。中国远征军第一路这才正式组成，罗卓英、杜聿明分任正、副司令长官，共10万余人。

开赴缅甸作战的中国远征军。

3月中旬，远征军到达缅甸，以地处缅甸中央的曼德勒作为守卫目标，阻挡仰光日军北犯。3月25日拂晓，日军逼近同古，先以30架飞机轰炸开道，继以战车纵横扫射，并施放糜烂性毒气。第二〇〇师的官兵顽强抵抗，以集

中国远征军在缅甸与敌血战，解救出英印缅军7000多人。他们与我军会合后，渐次退入印度。

中国战区总司令蒋中正与参谋长史迪威将军。

在缅甸作战的中国战士。

束手榴弹、汽油瓶等与日军坦克展开搏斗，战斗激烈，双方伤亡均较惨重。后日军又从仰光增援，有断我军同古后路企图，杜聿明军长见全军有覆没之虞，毅然下令放弃同古，向西汤河东岸突围。同古保卫战持续了12天，远征军虽撤退，但给敌以重大杀伤，重创敌第五十五师团。日军承认这是南洋作战以来第一次受挫。

4月下旬，侵缅日军主力从正面压迫英印军和中国远征军，其第五十六师团用装甲车、汽车组成快速部队，采取闪击战术，插到远征军的侧背，夺取了远征军后方基地缅北重镇腊戍，切断了远征军的退路，远征军被分割击破之后，四路溃逃。第五军杜聿明部，退到缅北孙布拉蚌后，丢弃车马武器辎重，攀越悬崖绝壁，从人迹罕至的野人山大雪山，绕道到滇西的泸水和维西，退回大理；第六军甘丽初部则避开日军快速部队，放弃棠吉，由缅东景东退回滇西思茅普洱边区。孙立人的新编第三十八师和廖耀湘的新编第二十二师，则和英军退入印度。7月，史迪威提出"反攻缅甸计划"。中国远征军在印度开始整训。

中日浙赣、鄂西、常德会战

侵华日军为配合其太平洋的作战，从1942年到1943年，又向中国正面战场发动了浙赣、鄂西、常德会战。中国第三、第六、第九战区的部队凭藉阵地节节阻击来犯日军，并以反攻恢复了原有态势，给日军以重大的打击和

消耗，配合了盟军的作战和敌后战场反"扫荡"、反"清乡"的斗争。

浙赣会战起源于1942年4月，美军飞机由太平洋上的航空母舰起飞，轰炸了日本，然后飞到浙江省境内的机场降落。这是日本自发动侵华战争以来，其本土首次遭到的战火轰击，引起了

中国军队将领在常德指挥作战。

日本国内上下一片恐慌。因此，日本大本营决定发起浙赣会战，摧毁浙赣路沿线的机场，以防止盟军以这些机场为基地再次轰炸日本本土。

5月，侵浙江之敌在侵江西敌军的策应下，集中了两个军7个师团约10余万兵力，从浙赣路两端东西对进，合击浙赣走廊地区的中国空军基地。中国第3、第9战区各一部，从5月到7月间，与敌激战在浙西兰溪、金华、衢州和赣东之线。到8月，日军一度打通了浙赣铁路，破坏了丽水、衢州等机场，但除占领了金华、武义和东阳地区外，其余日军仍不得不逐步撤退。中国军队乘势尾击、截击和伏击，予敌重创，恢复了战前态势。此战，日军伤亡约3万人，其中第十五师团师团长酒井直次郎中将被地雷炸死。

鄂西会战于1943年5月15日开始，日军集中了6个半师团约10万兵

中国军队冒着敌人的炮火，越过障碍前进。

力和200余架飞机，由石首、华容分路向鄂西发动进攻，企图打通长江上游的航线，直接威胁陪都重庆。中国第6战区部署14个军在长江一线及其纵深地区，采用正面抵抗与击敌侧背相结合的战法，先凭藉长江天险和要塞工事与日军激战，待日军进到石牌及其南面渔洋关一线预定的反击地区

后，各部即发起全面反攻。中国空军也以大编队机群支援作战。战至 5 月 31 日，日军全线动摇，开始后撤。中国军队各部奋勇争先，对敌实施尾追围歼，至 6 月 8 日共毙伤日军 1 万余人，恢复了所失的阵地。

常德会战开始于 1943 年 11 月，日军为牵掣中国军队转用于滇缅，以策应其南方军的作战，以 6 个师团约 10 余万兵力分 4 路向中国进攻，其中 3 路合击湖南常德。中国第 6 战区以 12 个军在第 9 战区兵力一部的配合下，部分军队利用城郊既设阵地逐次抵抗，各路反击部队向常德逼近。从 11 月 24 日开始，日军对常德实施四而围攻，中国固守常德的第 74 军 57 师顽强地与敌血战 10 余日，伤亡惨重，当一部日军突入城内后，仍与敌展开激烈巷战，逐屋逐街争夺，阻敌扩张。至 12 月 3 日，日军继续猛攻常德，并施放毒气，一度攻陷该城。随后，中国外围部队向常德之敌发起反攻。8 日，中国军队收复常德，并乘胜追击溃逃的日军，至 22 日，先后克复南县、安乡、津市、沣县、公安、松滋、枝江等地。此役，共毙伤日军 2 万多人。

日军发动"五一大扫荡"

1942 年 5 月 1 日，侵华日本华北方而军调集了 4 个师团、2 个混成旅团共 5 万余精锐部队，配合空军、坦克、汽车、骑兵，在冈村宁次直接指挥下，向冀中平原抗日根据地发动进攻。

1943 年秋，日军荒井大队在大"扫荡"中，于今河北阜平县平阳村一带屠杀千余群众。这是部分遗体。

从今年初起，日华北方面军司令官冈村宁次亲自出面，周密筹划对中共冀中平原抗日根据地的进攻。常驻冀中的日军第一一〇团，从今年初至 4 月在冀中平原挖封锁沟 3900 余公里，沿平汉铁路筑封锁墙数百公里，在根据地周围修据点、碉堡 1300 余个，逐渐完成了对冀中平原抗日根据地的封锁。4 月以前，口军又向冀中根据地各分区派出大批特工，破坏抗日组织，派兵对各分区进行轮番"扫荡"、

"蚕食"，把冀中区党政军机关及主力压缩到中心区的狭长地带。从4月初起，日军先对北面冀东抗日根据地，继而对冀西北岳区及南面的冀南抗日根据地连续大举围攻，切断了冀中平原抗日根据地与周围根据地的联系，完成了日军对冀中根据地的包围和封锁。

扫荡中，5月14日，日军第十六混成旅团八十五大队火队长村川大佐率日军600余人，伪军100余人，由岚县的东村、寨子出动，奔袭兴县，企图消灭晋西北军区机关。晋西北军区参谋长周士第等针对日军孤军深入的情况决定，先敌转移。19日，八路军集中兵力，前堵后追，两侧截击，将日军包围于兴县东南的田家会。决死二、四纵队在大蛇头等地设防阻援，并连续袭击离岚线上的日军据点，使日军无力派援兵解围。第一二○师七一六团及工卫旅等部向田家会之日军发起猛攻。激战至晚，击毙村川大佐以下日伪军500余人，俘日军25人、伪军21人，缴获山炮1门、机枪9挺及其他大批军用物资。

5月27日，日军少将旅团长上坂胜率领日军500余人包围了河北定县南北疃村。他们从汉奸手里获得地道图纸，进村后，按照图纸找到几处洞口，即将高浓度窒息性毒气和茅柴点燃后投放到洞里，用棉被盖住洞口，使毒气向洞内各处散布。毒烟从各个洞口向外溢出，又有多处秘密洞口被日军发现。于是日军又在新发现的洞口继续放毒。地道内共有避难百姓八九百人，一批批在痛苦的挣扎中窒息而死。

6月底，"扫荡"冀中抗日根据地的日军撤回原地，"五一大扫荡"结束。

这次日军"五一大扫荡"分两个阶段：5月1日至20日为合围和围攻阶段，5月20日至6月30日为反复合击和"清剿"阶段。日军对中共冀中抗日根据地实行"铁壁合围"、"梳篦式拉网扫荡"，同时建点筑路，加强封锁分割。目军企图用反复"清剿"的方式，彻底消灭中共抗日力量，中共冀中区党委和军区针对敌情，制订了反"扫荡"措施：主力部队跳出包围，转移到外线作战；部分部队留下来与日军周旋；党政军机关实行精简，干部隐蔽到群众中领导斗争。在两个月的艰苦斗争中，八路军与日军作战272次，毙伤日军11000余人，但抗日根据地也遭到严重损失，部队伤亡16800余人，主力部队被迫转移到北岳、太行、冀鲁豫根据地。日军在冀中修筑据点、碉堡1753个，修公路7583公里，挖封锁沟、筑封锁墙4186公里，将抗日根据地分割成 2670 个小块，被捕、被杀群众达 5 万余人，百姓称这时的冀中平原："出门跨壕沟，抬火见岗楼，无村不带孝，到处闻哭声。"

毛泽东发表《在延安文艺座谈会上的讲话》

1942 年 5 月，毛泽东和凯丰以中共中央的名义邀请在延安的作家、艺术家举行座谈会，毛泽东亲自主持会议并发表讲话，在 5 月 2 日的第一次大会上，毛泽东发表《引言》，在 5 月 23 日的第三次大会上，又发表《结论》，两篇合称为《在延安文艺座谈会上的讲话》。

1937 年抗战爆发，除领导战争外，中国共产党还很重视文化建设，各根据地纷纷成立了各种文艺团体，创作出一系列反映根据地革命斗争的好作品，整个文艺界呈现出一片欣欣向荣的景象。但由于大部分作家和艺术家都来自国统区和大中城市，不熟悉下层劳动群众的生活，不懂他们的语言，不能运用恰当的文学形式来与人民群众进行交流与沟通，另外，文艺界人士在如何处理歌颂根据地光明面和批评其阴暗面、文艺作品应为根据地还是为"大后方"服务等方面，都存在一定程度的问题，为此，中共中央决定召开文艺座谈会。

在《引言》中，毛泽东开宗明义地说明，之所以召开文艺座谈会，是为了探讨文艺工作与革命工作的关系，以求得革命文艺的正确发展及更好地为

1942 年 5 月。中共中央宣传部召集延安文艺工作者座谈会，毛泽东发表了《在延安文艺座谈会上的讲话》，阐明革命文艺为人民大众服务的根本方向和文艺工作者深入工农兵、学习马克思主义、改造世界观的重要性。该《讲话》成为后来中共指导文学艺术的纲领性文件。图为毛泽东、朱德等与参加文艺座谈会人员的合影。

其他革命工作服务，他提出一系列关系到革命文艺发展道路的问题，如文艺工作者的工作对象问题、态度问题、立场问题、学习问题等等，在与会的作家与艺术家中间引起很大的反响。在《结论》中，毛泽东提出"文艺为工农兵服务"的方针，认为文艺为什么人的问题，是"一个根本的问题、原则的问题"，并指出革命文艺的发展问题，归根结底是一个"为群众的问题"，至于如何为群众，他又提出"在普及基础上的提高和在提高指导下的普及"的原则，在这个原则指导下，他号召"中国的革命的文学家和艺术家，有出息的文学家和艺术家，必须到群众中去，必须长期地无条件地全心全意地到工农兵群众中去，到火热的斗争中去，到唯一的最广大最丰富的源泉中去"。

延安文艺座谈会的召开，特别是"文艺为工农兵服务"方针的提出，对根据地群众性文艺活动的开展与繁荣，起到了极大的推动作用，根据地作家深入群众、深入生活写出了一大批深受工农兵欢迎的文学作品，如贺敬之、丁毅的《白毛女》、李季的《王贵与李香香》、丁玲的《太阳照在桑乾河上》、周立波的《暴风骤雨》、赵树理的《李有才板话》、孙犁的《荷花淀》等都是其中的代表作。

八路军坚持敌后抗战

"五一大扫荡"后，华北局势恶化，在艰苦的条件下，八路军坚持敌后抗战，有力牵制了日军。

1942年9月，日伪军频繁"扫荡"华北各抗日根据地，实施残酷的"封锁"、"扫荡"和"蚕食"。在冀东，日伪军纠集4万余人实施"治安强化运动"，采取"统筐"战术，企图消灭八路军主力和地方武装。冀东根据地被分割为20多块，八路军主力部队被迫撤离，转入山

华北民兵攻克曲阳县下河镇敌据点。

区，该区大部变为敌占区和游击区。在冀鲁豫边区，日伪军调集1万多兵力，以10余辆坦克为先导，分8路对濮县、范县、观城中心区实行"铁壁合围"，妄图消灭该区中共党政军领导机关和八路军主力，中共边区领导机关和主力部队在敌尚未形成严密包围时，跳出日伪军的合围圈，向外线转移。在晋察冀，日伪军纠集1万余人进行"秋季大扫荡"，日军分3路合击阜平，南路进至堂城，西路进至赤马场，28日占领阜平城。面对抗日根据地日益缩小的情况，为了扭转被动局面，晋察冀军区司令员聂荣臻在平山县寨北村主持召开晋察冀党政军干部会议，他提出"到敌后之敌后去"的号召，作为目前展开对敌斗争的方针。

11月3日，中共中央军委制定《华北形势大纲》，总结华北敌后抗战形势。大纲指出：日军在作战内容上是"蚕食"，为"扫荡"作准备，"扫荡"为"蚕食"铲除障碍。"蚕食"以政治、经济、文化为主，"扫荡"则主要以军事为主，"蚕食"从属于"扫荡"。针对敌人这些特点，八路军作战原则应是"打下了就拖，拖不了就让"。作战方针是继续坚持平原，以保障晋、冀山区物资供给及晋、冀山区的联系。八路军作战内容是：反"蚕食"要以我之强对付敌之弱，反"扫荡"则要以我之弱对付敌之强。把根据地、游击区、敌占区的对敌斗争结合为一体，构成反"扫荡"的正面。反"蚕食"与反"扫荡"两者有机结合，并以反"扫荡"为主。

11月，沁源抗日军民对日军展开长期围困战。山西省沁源县是太岳抗日根据地的中心区，战略地位十分重要。本月，日军第一军先以1万余人"扫荡"太岳抗日根据地，随后又以第六十九师团一部协同伪军固守沁源县城及其周围据点，企图以此为基地，分割和"蚕食"太岳抗日根据地。中共太岳区委和太岳军区为粉碎日军企图，提出了"在党的一元化领导下，依靠广大群众，广泛开展群众性游击战争，实行长期围困，战胜敌人"的方针，由中共沁源县委与太岳军区第三十八团共同组成围困指挥部，领导对侵占沁源的日伪军实行围困战。以主力部队、县区基干队与民兵统一编组的游击分队，以麻雀战、狙击战、伏击战和地雷战的战法，对沁源县城及其周围据点展开群众性的长期围困战，大量消耗和疲惫日伪军，使其被迫两换守军，三缩阵地，直至将日伪军压缩在城西山头上。

大生产运动

1942 年 12 月底，中共中央提出了"发展经济，保障供给"的方针，号召根据地军民自力更生，克服困难，开展大规模的生产运动。

自 1941 年以来，由于日军的疯狂进攻和残酷"扫荡"，国民党的军事包围和经济封锁，以及自然灾害的侵袭，抗日根据地的财政、经济都遭到了极为严重的困难。中共中央于是为大生产运动制订了一系列具体方针：在各项生产事业中，实行以农业为主，农业、畜牧业、工业、手工业、运输业和商业全面发展的方针；在公私关系上，实行"公私兼顾"和"军民兼顾"的方针；在上下关系上，实行统一领导、分散经营的方针；在生产和消费关系上，实行努力生产、厉行节约的方针；在组织形式上，实行合作互助、开展生产竞赛、奖励劳动英雄的方针。

抗日战争时期大生产运动中八路军指战员在南泥湾开荒。

八路军战士自己动手纺线。

为推动大生产运动的发展，毛泽东、朱德等领导人还亲自参加生产劳动。在"自己动手"、"丰衣足食"等口号的鼓舞下，根据地军民迅速掀起了以农业为主的大规模的生产运动。抗日民主政府兴办了一批自给性的工业；军队发展以自给为目标的农业和部分工商业；机关、学校人员也发展了自给经济；农民广泛组织起来发展农业生产。中共力图通过这一运动使所辖地区克服严重的物资困难，为坚持抗战，争取最后胜利奠定物质基础。

共产党抗日救国

延安开展新秧歌运动

1943年新年和春节，延安鲁迅艺术文学院的师生利用民间秧歌形式，组织秧歌队到街头广场等地演出，成为延安新秧歌运动的开始。

新秧歌运动是抗日战争时期在延安发起的文艺普及运动。新秧歌是在旧秧歌的带故事性的歌舞形式的基础上，补充反映新延安拥军、生产、学文化等与当时广大工农兵和革命干部息息相关的生活内容，并加以提高创造而成的较完整的戏剧表演。新秧歌很快在部队、机关农民中普及、形成一项生气勃勃、热闹红火的群众运动。它取材于人民和军队中，表现解放区人民的新生活和兴高采烈的心情，剧中人物为农村中所常见的，所唱歌曲也是各地民歌和民间小戏中所常用的乐曲、人物和舞蹈曲调，演唱一改旧秧歌中不适合大众化的内容，增加表现健康向上的新生活成分，如《兄妹开荒》、《夫妻识字》等在各地演出，深受广大人民欢迎。新秧歌运动也为戏曲改革运动提供了有益的经验。

文艺工作者根据陕北民歌创作的秧歌剧《兄妹开荒》在延安演出

延安平剧研究院成立

1942年，鲁迅艺术文学院平剧团和八路军120师战斗平剧社合并，在延安组成了京剧艺术研究和演出团体——延安平剧研究院。当时称京剧为"平剧"，故名。毛泽东为该院成立做题词"推陈出新"，指导了戏曲改革。

延安平剧研究院创立后，在中国共产党的领导下，以无产阶级的立场、

观点、方法对京剧艺术试行改革，并创作、演出了《逼上梁山》《三打祝家庄》等优秀剧目，进一步巩固了旧剧改革的成果，为戏曲改革运动作出了重大贡献。

中华人民共和国成立后，几经迁徙的平剧研究院定址于北京，更名为中央京剧研究院。

在延安中央党校礼堂演出的平剧《逼上梁山》。

赵树理发表《小二黑结婚》

1943 年 5 月，赵树理发表了小说《小二黑结婚》，这是他的代表作。

赵树理（1906～1970），原名赵树礼，山西省沁水县人，现代著名作家。赵树理出身于中国山区的一个贫农家庭，从小体验了辛劳，其语言受民间文艺的影响、熏陶。1925 年他考入长治的省立师范学校，在此接受了"五四"新文化思潮的启蒙和社会主义思潮的影响，开始创作新小说和新诗，早期作品多亡佚。由于赵树理有丰富的农村生活经历，他很快深切地感觉到当时新文学与农民群众之间的隔阂，于是立志为农民写作，致力于文艺大众化的事业。他后来所写的小说，已渐趋平易通俗，摆脱了欧化倾向。抗日战争爆发后，赵树理积极投身于抗日救亡的宣传工作，此后他长期生活在农民中间，致力于文化普及工作，写下了许多通俗的小说、诗歌、评论、戏剧、曲艺等。1943 年 5 月，赵树理发表了他的成名作《小二黑结婚》，这是一部具有崭新思想内容和独特艺术个性的新小说。

《小二黑结婚》是新旧交替中的抗日民主根据地社会现实的真切生动的写照。作品通过农村青年小二黑和小芹争取恋爱自由、婚姻自主的故事，反映了当时农村中进步力量与落后愚昧思想及封建恶霸势力之间的斗争。在乡村民主政权的支持下，小二黑和小芹终于冲破了双方家长二诸葛和三仙姑的阻挠，抵制了村中恶棍金旺兴旺兄弟的迫害，幸福地结合在一起。小说描写了当时农村中有代表性的三类人物：小二黑和小芹是新一代农民的形象，他

们朴实、乐观，不向恶势力低头，敢于为自己的命运同封建势力作斗争；二诸葛和三仙姑是受封建旧意识侵蚀的落后家长的形象；金旺兴旺则是乡间恶势力的化身。作者通过这三类人物之间的矛盾纠葛，提示出解放区农村中新旧思想的冲突和复杂微妙的阶级斗争，歌颂了新一代的新观念和精神面貌，善意地讽刺了不觉悟的落后家长及其旧意识，无情地鞭挞了横行乡里的恶势力。

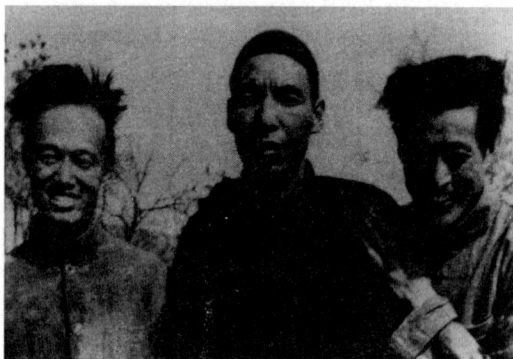

40年代中共解放区革命文学的代表作家赵树理（中）与陈荒煤（左）、于黑丁在山西冶陶合影

《小二黑结婚》的艺术表现手法完整而优美。其最大特色在于借鉴了中国传统的评书和古典章回小说的结构方法，故事首尾完整，脉络清晰，情节环环紧扣，于连贯中又有跳跃。这充分显示了小说在结构上与中国民间文艺的深刻联系。其次，小说语言丰富、生动、形象、传神。赵树理在北方农民口语的基础上进行加工提炼，语言状物描情曲尽其妙，平易质朴而又幽默风趣。作品写三仙姑不合身份的装扮，形容她脸上涂的粉像"驴粪蛋上下了霜"；写她到区上引起众人议论："看看！四十五了！""看那裤腿！""看那鞋！"三仙姑"羞得只顾擦汗"，"恨不得一头碰死"。这些语言是形成赵树理艺术风格的重要因素。此外，小说重视行动叙述，动作性强，运用传统的以人物自身言行塑造形象的手法，使人物性格特征凸现出来。如"不宜栽种"和"米烂了"的笑话，活灵活现地展示了二诸葛和三仙姑两位"神仙"的真面目。凡此种种，都表明赵树理在创作上有意识地采取创造人民大众喜闻乐见的表现形式。

《小二黑结婚》发表后，深受解放区广大群众欢迎，后来还被改编为歌剧、电影和其他地方戏曲，产生了广泛影响。继《小二黑结婚》之后，赵树理又发表了短篇《李有才板话》和中篇《李家庄的变迁》。这些作品就反映四十年代解放区农村变革所达到的深度而言，在当时是十分突出的，标志着小说

创作的新发展。赵树理继鲁迅之后在农村题材上的一大贡献便是第一个在文学上成功地塑造了中国翻身农民的形象。他的小说推进了"五四"以来白话小说的民族化，深刻影响了现代农村题材的小说创作。后来在山西作家群中形成了以赵树理的艺术风格为代表的、俗称"山药蛋派"的小说艺术流派。

中国军队反攻缅甸

1943年10月，中国远征军和杜聿明所率第五集团军开始接受美械装备。

1944年元旦，中印公路通车至新平洋，新三十八师全部及新二十二师第六十五团同时到达。史迪威的指挥部和前方基地也推进至此。遂令新三十八师在左进攻太白家，第六十五团居右进攻打洛，第六十五团沿大奈河南岸利用森林掩蔽，开路前进，出敌不意，迂回到百贼河敌后，将日军包围，经过激战，于1月25日全歼晖冈田大队700余人，大队长冈田中佐跳河自杀，敌遗尸670具，被俘20余人，第六十五团缴获速射炮2门，追击炮4门，重机枪8挺，轻机枪、步枪500余支，旋即占领打落，揭开了缅甸战争全面反攻的序幕。

1月底，中国驻印军第三十八师发动进攻，孟关日军十八师团凭借孟关外围的原始森林和坚固工事死守。中国军整个部队愈战愈强，第一一四团在猛烈的炮火掩护下，把日军的据点一个又一个地攻下来，日军调集了大量军队企图向中国军队发动报复性袭击，第三十八师师部命令第一一三团立即跟踪向右翼展开大迂回，出

中国军队在缅甸的密林中向敌人射击。

敌不意地占领孟关以南的通路。日军后路被切断，立即引起混乱。第一一四团和第一一三团的全体官兵，在优势空军和炮火以及各种自动火力的掩护下，从南北两方向日军中心阵地夹击，将其外围据点一个一个摧毁、占领。紧接

089

着将炮火指向核心阵地，大批日军知败势已定，无法挽回，而在阵地内自杀。

4月，第二个旱季攻势开始，中国驻印军新编第三十八师从密林中开路迂回到日军后方孟拱以北地区，占领了日军所设的仓库地带，新编第二十二师从正面压迫，前后夹击，日军开始全面崩溃，损失惨重，残余部队窜入了森林。驻印军主力向孟拱挺进时，新编第三十八师派出一个团的兵力从密林中开路前进，直向敌人的远后方人——密支那潜行。总指挥部调新编第三十师全师兵力，在后方机场待命，并准备了大批滑翔机在机场待命准备牵引起飞。新编第三十八师派出去的这个团在密林中潜行了7天，奇袭密支那机场成功。电信传到后方机场，新编第三十师全部登上"空中列车"，一架接一架地在战火纷飞的密支那机场强行降落，很快肃清了机场周围的日军，向密支那进攻。孟拱方面的日军，在新编第一军、新编第六军强大攻势下全部崩溃，中国驻印军队占领孟拱车站与铁路沿线。

8月5日，缅甸密支那经中国军队80多天的艰苦攻击，终被克复。

中国远征军和驻印军，在美、英军的协同和当地民众、爱国华侨及印缅人民的支援下，以数万壮士的鲜血和生命换来了反攻作战的完全胜利。这场胜利，歼灭日军第18、第56两个师团大部，重创其第2、第33等师团，完全打通了中印公路，解除了日军对中国战场西侧的威协，打破了日军对美国援华物资的封锁，同时也牵制了大量日军的兵力，从而减轻了盟国在太平洋战场上的压力，在国际上博得了崇高的荣誉。

八路军扭转大扫荡战局

在反对日军"五一"大扫荡的长期斗争中，八路军和华北人民经过艰苦战斗，逐渐扭转华北局势。

1943年8月23日，中国共产党针对蒋介石在中《中国之命运》中提出"没有国民党就没有中国"的观点，发表《国共两党抗战成绩的比较》和《共产党抗击的全部伪军概况》两个重要文件，指出抗战以来，共产党抗击了全部侵华日军共36个师60万人的55%，国民党仅仅抗击了42%；共产党抗击了

全部伪军62万人的90%以上，国民党仅仅牵制伪军不足10%。

　　截止8月26日，太行、冀南八路军打胜了林南战役。庞炳勋、孙殿英投敌并被编为伪第二十四集团军以后，纠集2万余人，在日军三十六师团的配合下，侵占林县县城和周围横水、姚村等地区，准备以此为依托，"蚕食"太行中心区。为确保太行抗日根据地的巩固和发展，八路军总部集中太行军区主力和冀南军区一部共12个团的兵力，在地方武装和民兵的配合下，组成东西两个集团，向盘踞在林县城内及其南部地区的伪军发起进攻，经9天战斗，攻克日伪据点80余处，歼灭日伪军7000余人，解放人口40余万，开辟了林县以南、辉县以北的大片新区。

　　10月10日，晋西北八路军在甄家庄歼灭日军800余人，伪军100余人。

　　10月，日军华北方面军调集2万余人，在冈村宁次总司令的指挥下，采用多梯队反复"清剿"新战术，对太岳抗日根据地进行所谓"铁滚式三层阵地新战法"的大"扫荡"，企图消灭太岳根据地的有生力量，建立起"山地剿共"实验区。开始，抗日军民对日伪军的"新战法"不适应，一度处于被动。10月17日以后，八路军抓住日伪军兵力不足、顾此失彼的弱点，以广泛的群众性游击战争和内外线紧密配合的作战方针打击

八路军在安阳战役中摧毁日军碉堡。

冀东八路军某部指战员。

1944年9月14日，八路军攻入晋中战略要地汾阳。

日军向八路军投降。

敌人,逐步扭转了被动局面。日军华北派遣军总司令冈村宁次亲自布置,从各地抽调180多名军官和参谋,组织"战地观战团"来太岳见习。

24日3时,太岳第二军分区第十六团在临汾东北韩略村附近设伏。8时,由临汾方向驶来日军汽车13辆(内有小汽车3辆)进入伏击区,伏击部队突然发起攻击,拦头击尾,与敌展开白刃格斗。经3小时激战,歼灭敌华北方面军为推广"新战法"所组织的战地参观团旅团长以下军官120余人,缴步枪80余支,击毁汽车13辆。

1944年8月,山东八路军发动秋季攻势作战。胶东区经过一个多月的连续作战,歼灭日伪军5000多人,解放了文登和荣城县城,攻克和逼退日伪据

毛泽东1944年检阅即将出发的由359旅主力组成的南下支队。左为朱德,右为359旅旅长王震。

点 138 处；渤海区在 8 月的作战中，歼灭日伪军 5000 多人，攻克乐陵、临邑、南皮三座县城，解放了沾化、青城两个县的大部分地区；鲁中区在沂水城北采取伏击手段，歼灭日伪军 1700 余人，收复了沂水城和周围据点。在此期间，滨海区还粉碎了日伪军的"扫荡"。这次"扫荡"是日军第十二军军长山内亲自组织 11000 余日伪军发起的，企图合击山东区指挥机关，破坏根据地建设。滨海抗日军民采取内线与外线结合的战法，经 10 天的英勇战斗，于 8 月 30 日胜利粉碎了日伪军的"扫荡"。

中日豫湘桂会战

　　1943 年前后，国际形势发生了重大而深刻的变化。日本通往太平洋前线的海上交通已失去保证。1943 年 11 月，中、美、英 3 国召开了开罗会议，发表了"开罗宣言"，共同商定了对德、日作战的计划。

　　日本开始垂死挣扎，为了强行扭转军事上的不利态势，从 1944 年春开始，集中 50 多万侵华兵力，又向中国正面战场发动

会战中，中国军队中的炮兵。

了一次长达 10 个月的战略性进攻（代号为 1 号作战），先后向平汉路中段、粤汉路南段、湘桂路及其附近地区发动进攻，实施打通大陆交通线的作战。这次作战可分为豫中会战、长衡会战、桂柳会战 3 个阶段。4 月 17 日，侵华日军华北方面军以第 12 军指挥约 7 个师团的兵力，在第十一军一部的配合下，向豫中发动进攻。敌由邙山头、中牟两地突破中国守军黄河防线，激战于新郑、广武地区；继而向两个方向发展进攻。一路沿平汉路南下，与湖北长台北上之敌会师于确山，打通了平汉路南段；一路由郑州沿陇海路及其以南地区西进，与在垣曲地区南渡黄河之敌会合，遭到中国顽强抵抗后，仍于 5 月 25 日攻占

了洛阳。

5月27日，日军纠集8个师团的兵力，首先向粤汉线的长沙发动进攻。6月18日攻陷长沙，而后，又南下进逼衡阳。中国第9战区所属第10军，凭着坚固的城防工事血战了47天。8月8日，衡阳沦陷。9月中旬，敌集中8个多师团的兵力，在新成立的第6方面军司令官冈村宁次的指挥下，沿湘桂线西江及越北、雷州半岛，分北、东、南3路合击桂林、柳州与南宁。中国守军第4战区部队分别在上述地区进行抵抗，但未能阻止住敌人的进攻。11月11日，柳州、桂林相继失守。日军占领柳州后，继续西进，向贵州进攻。12上旬，占领贵州的独山和丹寨。中国急调第1、第6、第8战区各一部向贵州增援，终于击退入黔之敌。

桂柳战役结束后，敌又以一部兵力于1945年2月间打通了粤汉铁路广东段，并先后占领该路东侧之盟军空军基地入——遂川、赣州。至此，日军虽一度在形式上打通了中国大陆交通线，但由于中国各战场的广大军民不断给敌以袭击和破坏，使敌无法取得预期的效果。

豫西鄂北和湘西会战开始

1945年3月，豫西、鄂北和湘西会战开始。

在中国正面战场上，中国空军首开反攻的先声。中国英勇的空中健儿和美国空军协同作战，不断袭击日本空军的重要基地，多次与敌40架以上的战斗机激战，并取得胜利。中国取得了制空权，为全面反攻的胜利奠定了重要基础。

1945年上半年，日军在中国广阔的战场上兵力日益分散，顾此而失彼，已陷入全面被动和被包围歼灭的狼狈境地。但它仍妄图挽回败局，进行垂死挣扎。这时，中国战区最高统帅部已拟定出中国战区总反攻计划，再次调整了战

中国军队在敌迫近衡阳空军基地时，自行炸毁地面设施，以免陷入敌手。

斗序列，正面战场就从反击敌人进攻中，开始了神圣的反攻。1945年3、4月间，日军为破坏我国靠近前线的野战机场，阻止盟国空军使用中国机场对日作战，因此纠集重兵向豫西、鄂北和湘西发动进攻。

3月20日，敌华北方面军的第12军，以主力一部突破鲁山、舞阳、长水镇中国第1、第5战区防线后，进击西峡口、老河口之线。4月18日，占领老河口飞机场。随后，中国第1、第5、第10战区部队协力反击，收复襄阳、宜城、樊城等失地。5月底，中国军队在给日军相当的打击后，在豫陕鄂边区与敌形成对峙。

4月8日，敌第6方面军的第20军主力一部，在空军的配合下向湘西进犯，企图占领芷江空军基地。中国军队除第3、4两个方面军担任防御外，并将在缅北作战的新6军空运到芷江参加作战。在中国战区的中、美空军，也集中力量于芷江方面。由于制空权完全被中国掌握，日军陷入手足无措状态，几乎无法统率，侵华日军中国派遣军新任总司令冈村宁次被迫于5月8日下令停止攻击，狼狈逃窜。中国军队乘胜反攻，

中国空军轰炸黄河铁桥和日军目标。

中国第14航空队出发攻击日军。

豫西鄂北会战中，中国军队的战士在欢呼战斗胜利。

至6月7日，日军所占地区被全部收复，

并毙、伤日军 24000 余人，取得了湘西会战的胜利。

中国军队在湘西反攻胜利后，当即向桂柳地区撤退之敌发起追击。5 月 26 日，第 2 方面军一部收复南宁。第 3 方面军一部在第 2 方面军的配合下，向柳州的日军发动总攻，6 月 30 日收复柳州；然后分 3 路向桂林急进，一路追歼残敌。

七大开幕

1945 年 4 月 23 日，中国共产党第七次全国代表大会在延安开幕。大会选出毛泽东、周恩来、朱德、刘少奇等 15 人组成主席团，任弼时为大会秘书长。大会的中心任务是动员和领导全国人民最后打败日本帝国主义，建立独立、自由、民主、富强的新中国。毛泽东主持了大

1945 年 4 月中国共产党在延安召开第七次全国代表大会，确定了政治路线。图为毛泽东在大会上作政治报告。

会并致开幕词。毛泽东在开幕词中指出：中国面临着两个前途和两种命运的斗争，党的任务是要用全力去争取光明的前途和光明的命运，反对黑暗的前途和黑暗的命运。

24 日，在大会上，毛泽东作《论联合政府》的政治报告。报告总结了抗战胜利前夜的国内外形势和国共两党两条抗战路线斗争的经验。指出中共所面临的斗争是激烈的两个前途、两种命运的斗争。为了争取光明的前途，克服黑暗的前途，党应有自己的政治路线，即："放手发动群众，壮大人民力量，在我党的领导下，打败日本侵略者，解放全国人民，建立一个新民主主义的中国。"

25 日，在中国共产党第七次全国代表大会上，朱德作了《论解放区战场》

的军事报告。报告主要论述人民军队和解放区的创造、发展过程，指出敌后
解放区战场的伟大作用和战绩。说明抗日战争对中国共两党两条不同军事路
线的原则区别。

5月14日，刘少奇作了《关于修改党章的报告》。

中国共产党第七次全国代表大会于11日闭幕。自4月23日起至6月11
日止，大会历时50天。代表着120万党员的547位正式代表和208位候补代表，
聚集在自己所首创的新民主主义根据地陕甘宁边区首府延安，共开大会22次。
大会制定了党的政治路线："放手发动群众，壮大人民力量，在我党的领导下，
打败日本侵略者，解放全国人民，建立一个新民主主义的中国。"这是中国
共产党有史以来最盛大的一次全国代表大会。

延安开展新歌剧运动

1945年4月，新歌剧《白毛女》在延安首演获巨大成功，极大地鼓舞了
解放区的文艺工作
者，新歌剧运动由
此展开。

早在"五四新
文化运动"时期，
一些音乐界和文化
教育界的有识之士
就致力于改革和发
展音乐教育，在新
歌剧方面作了有益
的探索。30年代
左翼音乐运动中，

1945年5月，中国第一部新歌剧《白毛女》在延安演出。贺敬之作词，
马可作曲。

聂耳和田汉所作的《扬子江暴风雨》虽未成型为歌剧，但引入群众歌曲的因素，
使音乐增强了时代感。

抗日战争爆发后，延安鲁迅艺术学院的文艺工作者先后创作和演出了许

多部歌剧，如向隅等创作的《农村曲》和冼星海作曲的《军民进行曲》等，在艺术上作了新的尝试和努力，力图在吸收民歌和群众歌曲及借鉴西洋歌剧的创作经验的基础上，寻求适合于表现中国人民生活的歌剧形式。虽取得了一定的成就，但仍有所欠缺。

1942年延安文艺座谈会以后，延安掀起了一场波及整个解放区的新秧歌运动。《兄妹开荒》是其中的代表作。新秧歌歌剧熔戏剧、音乐、舞蹈于一炉，是一种新型的广场歌舞剧。它的成功进一步推动了解放区文艺工作者去探索同广大工农群众相结合的道路和方法，积累经验，从而找到了一条使新歌剧创作得以正确发展的具体途径，新歌剧《白毛女》是这种结合的典型代表作品。

《白毛女》是延安鲁迅艺术学院于1944年底开始创作和排演的，由贺敬之、丁毅编剧，马可、张鲁、瞿维、李焕之等人作曲。首演成功后，又经多次修改加工，更趋完善。该剧以传奇式的情节，反映中国农民阶级深受地主阶级残酷剥削的生活现实，表现了广大农民群众在中国共产党的领导下坚决向地主阶级进行斗争的过程。在音乐成就上，解决了用音乐来刻画剧中人物形象的问题；成功地广泛吸取了各种民间音调，使歌剧既有鲜明的民族特点，又有强烈的戏剧性。该剧对西洋歌剧的创作形式和手法也作了大胆而成功的借鉴。

新歌剧《白毛女》的成功创作和演出，有力地推动了新歌剧运动的发展。解放区又产生了不少新歌剧作品，《刘胡兰》（魏风等编剧、罗宗贤等作曲）和《赤叶河》（阮章竞编剧、梁寒光等作曲）是其中较重要的作品。

新歌剧坚持现实主义传统，努力反映群众的斗争生活，重视用音乐形象来刻画剧中人物，既优美动听又通俗易唱，把继承民族音乐和借鉴西洋音乐有机地结合起来，既具新的时代特点，又具有鲜明的民族风格。新歌剧运动的开展，对丰富人民群众的业余文化生活，鼓舞广大群众投入民族解放斗争和阶级斗争起了重大作用，在中国现代音乐戏剧发展史上占有重要地位。

八路军新四军转入反攻

1945年4月，冀鲁豫八路军对日伪军的春季攻势作战取得了战果。这次攻势从1月16日发起，冀鲁豫八路军在宋任穷、黄敬等指挥下，首先进攻盘

踞在大名地区的"东亚同盟自治军"，争取其"突击团"起义作为内应，一举攻克该城，歼日伪军800多人，击毙该军军长刘坤。21日，八路军发起道清战役，歼日伪军2500余人。4月24日，八路军发起南乐战役，27日攻下南乐县城及周围据点30多处，扩大了根据地。

4月，新四军第三师趁日军从盐城、阜宁南撤，伪第二方面军第五军第四十一师等部忙于交接防务之际，集中11个团，1.4万余人，发起阜宁战役。随后，新四军乘胜扩大战果，收复了盐（城）阜（宁）公路沿线的大施庄、沟安墩、草堰口等据点，至此，历时3天的阜宁战役胜利结束。此役，共俘伪副师长以下2000余人，毙伤300余人，解放阜宁城及市镇20余处。5月1日，山东八路军展开反"扫荡"作战。八路军各军区采取相互协同动作，以部分主力结合地方武装和民兵，在内线展开广泛的游击战，以大部主力集中于外线，相机歼敌，并组织群众广泛袭击交通线。经过近1个月的作战，逼使日伪军回窜，并歼敌3300余人，日军第五十四旅团长田坂被击毙，取得了反"扫荡"的胜利。

5月，华北各地区八路军开始

1945年夏，八路军滨海部队攻克了山东诸城。这是八路军的入城仪式。

1945年5月，八路军翼察部队攻克察南重镇怀安县后，群众在欢迎八路军入城。

099

1945年8月，八路军、新四军进行大反攻。8月13日八路军解放绥远（今内蒙古）兴和城。

陆续发起猛烈的夏季攻势作战。晋冀鲁豫部队向平汉铁路两侧及鲁西、晋南之敌发动进攻，5月中旬先后发起东平、阳谷等战役，歼敌9000余人，收复东平、阳谷等16座县城；八路军太行军区主力部队发起安阳战役；太岳部队向晋南进攻，收复安泽、高平县城；八路军山东部队集中鲁中、滨海、胶东、渤海各区主力，向胶济铁路以南的安丘、诸城和路北的平度、寿光等地发起强大攻势，歼日伪军2万余人，解放大片国土；晋察冀部队在平绥铁路两侧和锦承铁路以南地区先后发起雁北、察南以及出击热河等战役，收复县城3座。同时，在北宁铁路以南、津浦铁路以西发起子牙河东、大清河北战役，收复县城3座，并逼近北平、天津郊区。八路军在5月间共歼日伪军6.8万人，收复县城33座，扩大解放区6万多平方公里，解放人口240余万人，进一步将日伪军压缩到大中城市、交通要道和沿海一带。

6月12日，八路军冀热辽军区部队在粉碎日伪军4万余人对冀东根据地连续4个月大"扫荡"之后，组成3个挺进支队，分3路北出长城，发起热辽战役，解放了"集家并村"之"人圈"12座，粉碎了日伪军3万余人的反扑。整个攻势作战席卷雁北、察北、热河、辽西地区，逼近平、津、张地区。共作战2700多次，歼日伪军近2.8万人，拔除据点、碉堡790多处，收复县城15座，解放人口500多万人，扩大解放区面积13.5万平方公里，部队发展到11万多人，争取了战略上的主动权，为大反攻创造了有利条件。

国民政府宣布全面反攻

1945年7月7日，"国民政府军事委员会"宣布：战局现已转守为攻。

公布八年抗战截止现今，计毙伤及俘虏日军250余万人；中国军队阵亡130余万人，负伤170余万人。

7月12日，中国伞兵首次作战。伞兵一队180人，凌晨3时从昆明起飞，8时抵广东开平县附近空降，对日军展开游击袭扰活动。

7月14日，中国陆军总司令部制定以桂林、雷州半岛、衡阳、曲江、广州、香港为作战目标的反攻计划。

18日，中国伞兵在广西丹竹空降，在地面部队的配合下，一度占领日军的丹竹机场，袭击日军的补给基地。

7月21日，中国空军出击，轰炸河南遂平日军。夜，中国空军再次出击，猛烈轰炸汉口日机场。

整装待发的中国士兵。

中国士兵脚着草鞋，乘飞机开赴前线。

7月24日，第二十军、第二十九军等部，分3路沿湘桂铁路及其两侧向桂林急进，至本日，连克中渡、黄冕、阳朔、白沙，并经激战夺占桂林南方门户永福。同日，第二十六军、第九十四军等部，自越城岭方面向桂林西北进逼，各路大军包围桂林。

7月25日，中美空军协同，以305架战机猛袭上海日空军基地。

7月27日，中国伞兵在湖南衡阳附近空降，伏击日军运输车队。同日，国军向桂林日军发起总攻，收复桂林。日军仓皇向广西全县方向逃窜，被追歼一部。

《波茨坦公告》发布

波茨坦会议会场

1945年6月，联合国在美国旧金山创立。图为中国代表团中的中共代表董必武在《联合国宪章》上签字。

1945年7月26日，美、英、中三国发表《波茨坦公告》。7月，美、英、中三国首脑和外长在柏林西南波茨坦举行会议。会议期间，三国首脑讨论了结束对日作战的条件和有关对日本战后处置的方针，并通过一项由美、英、中三国代表签署的决议，即《波茨坦公告》。

公告宣布：盟国对日作战将继续到日本完全停止抵抗为止，日本政府必须立即投降。公告还规定了盟国接受日本投降的条件，即铲除日本军国主义；对日本领土进行占领；实施开罗宣言之条件，解除日本军队的武装，惩办战争罪犯；禁止军需工业等等。

7月27日，日本首相铃木召开内阁会议，决定不管美、英、中《波茨坦公告》的内容如何，都将予以不理，始终根据既定的根本方针，坚决为完成大东亚战争而迈进。

苏军进入东北

1945年，战胜德国后，苏军开始对日作战。

1945年8月8日，苏联外交人民委员部部长莫洛托夫接见日本大使佐藤，向日本政府递交《苏联对日本宣布进入战争状态宣言》。宣言指出，美、英、中7月26日要求日本武装力量无条件投降，已遭日本拒绝。由此可见，日本政府向苏联提出的关于调停远东战争的建议失去了一切根据。苏联政府忠于对自己盟邦的义务，参加7月26日同盟国的公告，从8月9日起，苏联将认为自身和日本处于战争状态。

8月9日零时10分，苏联百万大军分四路越过中苏、中蒙边境，向驻守东北之关东军发动全线进攻。同时，苏海军太平洋舰队也先后在朝鲜北部、千岛群岛登陆，协同陆军作战。在苏军的强大攻势面前，关东军节节后退。

到8月初，苏联已在东北边境部署了150多万军队、26000多门大炮、5500辆坦克、5000架飞机，总兵力远远超过日本关东军。

1945年8月8日，莫洛托夫代表苏联政府发表声明对日本宣战。

1945年8月8日，苏联红军出兵中国东北，给侵华的日本关东军致命打击。这是苏联红军解放大连时，受到大连民众热烈欢迎的情景。

15日，日本天皇广播投降诏书。17日，苏联元帅、远东军总司令华西列夫斯基向日军发出通牒，要日军放下武器，全部投降。18日，关东军司令官山田乙三下令向苏军投降。20日，关东军开始向苏军缴械。至8月30日止，

在中国东北和朝鲜北部的关东军全部解除武装，苏军对日作战结束。在为期十几天的远东战役中，苏军共击毙日军83700多人，俘虏日军594000人，缴获大炮1565门，坦克600辆、飞机861架以及不计其数的轻武器。

1945年8月，苏联红军解放旅顺。

八路军、新四军全面反攻

八路军晋察冀部队解放赤城后，正在追歼逃敌。

华中新四军在津浦路徐州至固镇段向敌发起进攻。

1945年8月10日至11日，朱德连发七道命令，命令八路军及所属部队向全国各地进发，迫使日伪军投降。

8月，八路军各部队执行朱德总司令的命令，开始全面大反攻。晋察冀解放区担负着收复平绥路东段、平汉和津浦路北段、北宁路南段及其周围广大地区的任务，并向北平、天津、保定、张家口、石家庄等大城市附近进攻。晋察冀部队解放了察哈尔省和热河省全境及其他一些大中小城市。晋冀鲁豫解放区军民向平汉、同蒲路沿线进攻，收复县城30多座，逼近开封、新乡等地，对拒绝投降的日伪军发起进攻，解放黄河沿岸地区。晋绥军区分南北两线反攻，北线占领归绥周

日本侵略军向中国军队缴械投降。

1945年8月9日，毛泽东发表了《对日寇的最后一战》的声明。各解放区中共领导的军队展开了大反攻。8月14日，日本被迫宣布无条件投降。8年抗战，中共领导的军队共歼灭日军52万人，歼灭伪军118万多人。图为八路军解放张家口。

围的敌伪据点，南线以太原为进攻中心，在同蒲路两侧展开进攻，解放了绥远和山西广大地区。山东军区部队组成五路大军反攻，歼灭日伪军6万多人，解放了山东108县中的100个县，山东各解放区连成了一片。中央和延安总部还从晋绥、察北、山东、冀热辽等部队抽调了大批主力部队进入东北，与苏联红军共同作战。

8月12日，中共布置了新四军大反攻的任务：江南部队夺取周围的广大乡村和县城；江北部队力争夺取津浦路和长江以北、津浦路以东和淮河以北所有城市，并向陇海路东段进军以配合八路军占领陇海路。新四军苏浙、浙东、皖南、淮北、淮南、苏北、

1945年8月28日，八路军鲁中部队在渤海部队配合下，解放了山东工业重镇周村。

105

苏中、皖江各部队响应总部号召，立即展开了全面大反攻，至本月底，攻克县城及重要市镇400多个，又发动了淮阴、高邮、津浦路、陇海路东段等战役，对拒不投降的敌伪军进行反攻。

日本投降·举国欢庆

中共中央所在地延安人民欢庆抗战胜利。

在重庆的盟军驾车加入狂热的胜利游行队伍。

涌上街头欢庆抗战胜利的张家口各界群众。

　　1945年8月10日下午，重庆中央电台播音室里人声鼎沸，日本通过瑞士正式向中国转达投降请求的消息传来，使大家全身为之颤栗。

　　当晚，电台开始播音：

　　各位听众，现在播送重大新闻……日本无条件投降了……

　　8月10日晚6时许，日本无条件投降的消息经重庆电台传出，重庆市民大放爆竹，欢欣之状空前高涨。重庆中央社内短而狭的灰墙上，贴出了"日本投降了"巨幅号外。几位记者驾着三轮车狂敲响锣，绕城一周，向市民报告日本投降、抗战胜利的消息。满街的人流，狂欢拍手。

　　重庆市鞭炮店生意大佳，爆竹瞬间售空。入夜，爆竹大放，各路探照灯齐放，照耀得市区如同白昼。与此同时，昆明正在放映电影的影院内，当银幕上映出"日本无条件投降"的字幕时，观众一片欢呼。他们拿出帽子、手帕在空中乱舞。正在演戏的剧院里，有人听到胜利的消息后跳上舞台，抱住正在甩腔的大

花脸狂呼："日本投降了！"台下观众狂喜，纷纷跑到街上欢呼胜利。

晚上，古城西安，人们到处燃爆竹，钟楼附近变成了欢乐的中心。

8月11日晨，上海国际饭店之顶升起上海最高的一面国旗，临风招展，数千人仰头致敬。上海全市停业，爆竹声整天不绝，人们自发地上街游行，欢呼中华民族的解放和胜利。

在敌后的晋察冀、晋绥、冀鲁豫等抗日根据地，当边区政府和报社接到日本无条件投降的消息后，连夜组织宣传队奔赴附近农村，传播胜利的消息，赶印号外和传单，飞送各地。人们奔走相告，一群一伙的人们欢呼聚谈，庆贺胜利的到来。

8月12日，成千上万的重庆市民涌上街头游行。联珠炮似的鞭炮声、狂热的鼓掌声掩盖了整个山城。

8月15日，延安，中国共产党中央和八路军总部所在地，听到日本无条件投降的消息后，万人欢腾。街上张灯结彩，各处黑板报都用大字报报道了胜利的消息，各机关和群众的乐队、秧歌队纷纷出发游行。入夜，人们用柴棍扎起火炬，举行了火炬游行。

同日，蒋介石对全国军民和世界人士发表广播演说，他说："我们的'正义必然胜过强权'的真理，终于得到了它最后的证明，……我们中国在黑暗和绝望的时期中，八年奋斗的信念，今天才得到了实

上海万众欢腾，纷纷上街游行庆祝抗战胜利。

1945年9月2日，在停泊于东京湾的美国"密苏里号"军舰上，举行了日本向盟国无条件投降的签字仪式。

107

现。"

8月14日上午，日本最高首脑在日本皇宫防空室举行御前会议，讨论无条件投降的诏书问题。8月15日中午，日本天皇的《停战诏书》正式播发，宣布无条件投降。

国民政府争抢受降

1945年9月9日，中国战区受降典礼在南京举行，日本侵华军总司令冈村宁次签署投降书。图为会场。

1945年9月9日，在南京中国陆军总司令部大礼堂举行日本侵略军投降仪式。图为中国陆军总司令何应钦接受日本侵华军总参谋长小林浅三郎递交投降书。

抗战胜利，国民党马上竭尽全力抢夺胜利果实。

1945年8月11日，蒋介石连续发布三条命令，一条给八路军、新四军，要他们就原地驻防待命，其在各战区作战地境内之部队，应接受各该战区司令长官之管辖。一条给蒋军嫡系部队，要他们"积极推进"，"勿稍松懈"。一条给伪军，要他们"切实负责维持地方治安"。随后，蒋介石又命令驻华日军在原地"作有效之防卫"，等待国民党军队受降。

8月18日，侵华日军总司令官冈村宁次拟定《和平后对华处理纲要》，规定日军武器"完全彻底地"交付国民党方面，

"为充实中央政权的武力作出贡献"；对于共产党方面，"需以武力自卫时，应不失时机地采取断然态度，发挥皇军的实力"。

抗日战争胜利后，国共两党在对日受降及国内政治等一系列重大问题上发生尖锐的冲突。蒋介石把全国划为十五个受降区。各区受降长官都委派了国民党系统的战区司令长官或方面军司令官，但国民党的主力部队大都远在西南、西北，调动需时。而共产党领导的抗日武装却大都在华北、华东地区，这一带正是日军主要占领区。为了阻止共产党领导的抗日武装受降，蒋介石命令国民党的部队照计划推进，而命令共产党的军队，就原地"驻防待命"，勿"擅自行动"。由于美国陆海空军直接帮助运送了几十万国民党军队，国民党接收了上海、南京、北平、天津、广州、长沙、武汉、南昌、太原等大城市及许多战略要地，收编伪军数十万人，并将各大城市敌伪经营的庞大的工商业资产变为所谓"国有"企事业，从而使官僚资本恶性膨胀，蒋

日军炮兵向中国军队投降

日本投降代表聆听中国陆军总司令何应钦的训示。左4为日本侵华军总司令冈村宁次。

南京中山门前，中国军队在搜查日本俘虏。他们被解除武装后，将遣返日本。

宋孔陈四大家族控制了中国经济的命脉。中国共产党坚决拒绝蒋介石"驻防待命"的命令，并声明国民党不能代表解放区接受日伪投降。朱德总司令和彭德怀副总司令命令各解放区所有抗日武装，夺取并解除日军武装，迫使敌伪无条件投降，并配合进入东北的苏联红军作战。各地解放军收复威海卫、烟台、张家口、邢台、邯郸、焦作等中小城市近两百座。对此蒋介石惶恐不安，借口"恢复铁路交通"派国民党军队进犯解放区，造成严重的内战危机。

毛泽东飞抵重庆进行和平谈判

抗战胜利后，饱受战争苦难的中国各阶层人民迫切需要国内和平，休养生息，强烈反对内战。国际进步舆论也认为中国应该走和平发展的道路。在国内外舆论的压力下，蒋介石于1945年8月电邀毛泽东到重庆进行和平谈判，会谈的中心是政权和军队问题。

8月23日，中共中央举行政治局扩大会议，讨论同国民党谈判问题。蒋介石连续三次电邀毛泽东赴重庆谈判。同时斯大林也致电中共中央，说中国应该走和平发展的道路，要毛泽东赴重庆同蒋介石谈判。会议根据国内外政治形势，决定同国民党进行谈判。这次会议还决定朱德继续兼任中共中央海外工作委员会主任，周恩来兼任副主任。

张治中和美国大使赫尔利于1945年8月27日乘专机到延安。这是毛泽东（前左）到机场迎接赫尔利（中）、张治中（后右二）赴延安城。

8月28日，毛泽东、周恩来、王若飞乘27日国民党派来的专机，在赫尔利、张治中陪同下，于下午3点45分飞抵重庆。前一天，美国驻华大使赫尔利、国民政府军事委员会政治部部长张治中，由重庆飞抵延安，迎接毛泽东到重庆进行和平谈判。到机场欢迎的有

蒋介石的代表周至柔，参政会秘书长邵力子、副秘书长雷震，及各界著名人士张澜、沈均儒、章伯钧、黄炎培、郭沫若等。当晚8时，蒋介石设宴为毛泽东等洗尘。美国大使赫尔利、驻华美军总司令魏德迈和张群、王世杰、邵力子、陈诚、张治中、蒋经国等作陪。28日、29日，毛泽东下榻于蒋介石官邸林园。

9月，毛泽东、周恩来、王若飞等在重庆与国民党当局和中外人士频繁接触。9月6日，毛泽东以1936年2月的旧作《沁园春·雪》赠柳亚子。词发表后，重庆各界为之震惊，随后上海、北京等地也有所闻。各报纷纷转载，并称此词有"帝王气象"。尤对"数风流人物，还看今朝"一句争议极大。有人称，此句说明毛泽东想做皇帝。随后，国民党内文人纷纷发起作诗运动，并要求选拔力作压倒毛泽东。至月底，报端出现近40首诗词，均平庸之作。有人著文评价说，观今日毛氏之词，知国民政府大势去矣！

1945年8月28日，毛泽东在周恩来、王若飞的陪同下乘飞机抵达重庆，与国民党政府举行谈判。图为毛泽东在谈判期间与蒋介石合影。

国共签订《双十协定》

国共领导人在重庆开始谈判，共产党要求国民党承认解放区政权和军队，以实现国内和平，避免内战；而蒋介石则坚持所谓"军令、政令统一"，其目的是要共产党交出军队和解放区政权。蒋介石一边谈判一边派兵进攻华北各地解放区，施加军事压力。共产党采取"针锋相对、寸土必争"的方针，实行自卫反击，于绥远、上党及邯郸等地接连粉碎国民党军队的进攻。蒋介石不得不承认共产党提出的和平建国的基本方针和召开政治协商会议，共商国事。1945 年 10 月 10 日发表《政府与中共代表会谈纪要》即《双十协定》，但在解放区政权和军队问题上仍未能达成协议。

10 月 10 日，《国共双方会谈纪要》在重庆曾家岩桂园张治中寓所客厅内签订。双方代表王世杰、张治中、邵力子和周恩来、王若飞在纪要上签字。

国民党方面表示同意和平建国的基本方针，承认各党派的平等合法地位和人民的某些民主权利，并允诺召开政治协商会议，但拒不承认中共解放区的政权和解放区的军队。

1946 ~ 1949A.D.

民国

1946A.D.

1月，国共"停战协定"签字。军事三人小组成立。10 ～ 31 日，政治协商会议在重庆召开。
6月23日，下关惨案发生。6月，国民党军大举围攻中原解放区，全面内战爆发。10月11日，
国民党军攻占张家口。11月4日，《中美友好通商航海条约》在南京签订。12月，全国学生
抗议美军暴行的爱国运动爆发。

1947A.D.

2月，中共驻南京、上海、重庆等地谈判联络代表全部撤退。2月28日，台湾"二·二八"
起义爆发。3月，蒋介石令胡宗南进攻陕北，开始对解放区的重点进攻。5月，全国各大城市
学生参加反饥饿、反内战、反迫害运动。6月30日，刘邓大军强渡黄河，揭开人民解放军战
略进攻序幕。7月，土地改革运动在解放区全面展开。

1948A.D.

5月1日，蒋介石就任中华民国总统。8月，国民政府发行金圆券。9月，东北野战军发起辽
沈战役。11月，华东、中原野战军协同进行淮海战役。12月，东北、华北野战军联合进行平
津战役。

1949A.D.

1月1日，毛泽东发表《将革命进行到底》的新年献词。21日，蒋介石宣布引退，副总统李
宗仁代行职权。1月31日，北平和平解放。3月，中国共产党在河北平山县西柏坡举行七届
二中全会。3月，国共进行和平谈判。4月，人民解放军强渡长江。4月23日，中国人民解
放军占领南京，国民党在大陆22年的统治覆灭。5月27日，解放军解放上海。8月5日，美
国国务院发表《美国与中国的关系》的白皮书。毛泽东发表《丢掉幻想，准备斗争》等文，
批判白皮书。9月，中国人民政治协商会议在北平召开。10月1日，中华人民共和国成立。

1946A.D.

联合国成立。纽伦堡审判战犯。

1948A.D.

以色列建立。

1949A.D.

北大西洋公约组织成立。苏联原子弹爆炸成功。

国民党军大举进攻东北

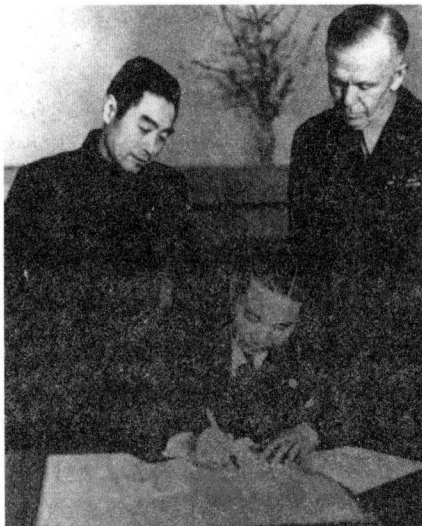

1946年1月10日，中共代表周恩来（左）与国民党代表张群（中）签署《关于停止国内冲突的命令和声明》。右为军调处美国代表马歇尔。

大批蒋军乘美国军舰北上

1946年2月8日，蒋介石命令杜聿明指挥东北国民党军向东北民主联军发动大规模进攻。自8日始，新六军一部和五十三军、十三军分3路由锦州沿北宁路两侧向沈阳方向攻击前进。南路为新六军二十二师，由沟帮子、大虎山之线进攻，10日占盘山、台安，14日占辽中。中路为黑山、北镇地区的五十二军，于占领新民后，以其第二十五师继续推进至沈阳市郊。北路为十三军第八十九师，分由阜新、彰武出动，先后侵入阜新东北的鹫欢池和彰武、法库间的秀水河子。

3月27日，周恩来、张治中、吉伦军事三人小组签订《调处东北停战的协议》。1月10日停战令发布时，国民政府代表坚持东北不在停战范围之内。政协会议结束后，国民政府在美国特使马歇尔和美国海军帮助下，大量运兵前往东北，扩大东北内战。这次，经中共及全国人民的努力，国民政府勉强同意东北停战。

4月6日，毛泽东命令林彪保卫四平，4月21日，毛泽东又命林彪

保卫长春、哈尔滨。

5月22日，国民党军攻占四平后长驱直进，占领长春，随后又占领了梅河口、海龙、九台、永吉等19个重要城镇，逐步控制了松花江以南广大地区。东北民主联军主力撤至松花江以北。

5月26日，中共中央军委给林彪、彭真等人发出《关于深入东北敌后开展游击战争》的指示。指示指出：为了保卫北满、东满某些大城市作为长期坚持东北斗争的有利的战略基地，迫使敌人停止前进，必须立即分派干部与部队深入敌后，普遍地开展游击战争，破坏铁路、公路、电线，建立与巩固村区及中小城镇政权，放手发动群众，没收敌伪财产、土地分给人民群众，打击国民党特务下乡征收粮草、抽丁派夫。要在广大人民中普遍宣传八路军、新四军决不离开东北，要把东北建成华北、苏北一样的根据地。

1946年3月4日，军事3人小组到达延安，毛泽东前往机场迎接。前排行进者，左1为毛泽东，左2为周恩来，左3为马歇尔，左4为张治中，左5为朱德。

中国审判日本战犯和汉奸

1947年，中国审判日本战犯的军事法庭法官。中坐者为庭长石美瑜。

　　1945年11月6日，中国政府成立以秦德纯为主任委员的战争罪犯处理委员会，作为处理战犯的最高权力机构。12月中旬以后，分别在南京、上海、北平、汉口、广州、沈阳、徐州、济南、太原和台北等10处成立审判战争罪犯军事法庭，分别审理各地区的战犯。1946年2月15日，南京审判战犯军事法庭正式成立，由石美瑜任团长，设审判官5人、检察官2人及其他各类职员。该庭起初直属于中国陆军总司令部，国民政府国防部成立后，改隶于国防部。

一小撮民族败类，卖身投靠侵略者，认贼作父，受到应有的惩罚。

南京审判战犯军事法庭的审理对象，根据战争罪犯处理委员会公布的战争罪犯审判条例有关规定，为入侵我国的外国军人和非军人。该庭对案件的审理，均依战争罪犯审判条例及刑事诉讼法的规定程序办理。由侵华日军一手制造的震惊中外的南京大屠杀惨案，就是由南京审判战犯军事法庭负责审理的。

在中国人民的强烈要求下，中国政府向远东国际军事法庭提出，要求将南京大屠杀的主犯及其他罪犯引渡到中国，接受中国人民对他们的审判。根据国际法原则和由中、美、英、苏等 11 国组成的远东委员会关于处理日本战犯的决议，甲级战犯由国际军事法庭审判，乙、丙级战犯则直接由受害国家所组织的军事法庭审判。因此，在南京进行血腥大屠杀的乙级战犯谷寿夫、屠杀 300 余中国人的刽子手田中军吉及在南京紫金山下进行"杀人比赛"的野田毅、向井敏明等战犯，先后被引渡到中国受审。

法庭庭长石美瑜、首席检察官陈光虞等率同工作人员在各处检验南京大屠杀中受难同胞的尸骨。

1947 年 2 月 6 日至 8 日，南京审判战犯军事法庭在励志社（今中山东路 307 号），对战犯谷寿夫进行了为期 3 天的公审。有 80 余名证人出庭陈述日军在南京的暴行，其中有外籍证人 3 名。6 日下午 2 时开庭时，上千人出席旁听，座无虚席。庭外还装有扩音器，广大南京市民聚集在庭外收听了审判实况。战犯谷寿夫于 1948 年 4 月 26 日上午 11 时绑赴刑场，执行枪决。其间，南京成千上万的群众，站在街道

判处死刑的日本战犯被押赴刑场。

两旁及刑场周围，观看屠杀南京人民的罪魁祸首谷寿夫的可耻下场。战犯向井敏明、野田毅、田中军吉等经审判已于1948年1月28日绑赴雨花台刑场，执行枪决。

与此同时，一批汉奸也得到了应得的下场。继汪精卫任伪国民政府主席的陈公博，任伪外交部长的褚民谊，以及梁鸿志、殷汝耕、梅思平、林柏生等，皆被审判后枪决。

中华人民共和国成立后，在中国还有包括由苏联转来的共1000多名日本战犯，一部分关押在抚顺，一部分关押在太原。1956年的6月和7月，有45名战犯分别在太原和沈阳判了徒刑，其余都受到了免诉处理，由中国红十字会协助他们回了国。

中共多位要人死于空难

1946年4月8日，出席重庆国共谈判与政治协商会议的中共代表王若飞、秦邦宪，为了向中共中央汇报请示，和新四军军长叶挺、中共中央职工委员会书记邓发、进步教育家黄齐生等冒着恶劣天气飞返延安，同机的还有八路军军官李绍华、彭踊左、魏万吉、赵登俊、高琼和叶挺夫人李秀文及其子阿九、其女扬眉以及4名美军驾驶人员。当日下午，飞机在山西省兴县的黑茶山遇浓雾失事，机上人员全部罹难。

叶挺　　　　　王若飞　　　　　秦邦宪　　　　　邓发

全面内战爆发

　　1946 年 5 月，国民政府从重庆还都南京，国共谈判也转到南京举行。蒋介石借口共产党拒绝从苏北、皖北等地撤退，公然调集 20 万军队，于 6 月大举围攻以宣化店为中心的中原解放区，发动全面内战。

国民党军队向中原中共军队辖区疾速推进。

　　6 月 26 日，国民党以 30 万大军围攻中共中原解放区，全面内战爆发。6 月中旬，国民党制定了全面进攻、速战速决的战略方针，投入全部正规军的 80%，即 193 个旅、158 万兵力。

　　国民党军围攻湖北宣化店一带中共中原解放区，预定于 7 月 1 日发起总攻并"全歼"。中共中央为保存有生力量，命中原部队立即突围，并选定"主力向西"的转移方向。中原解放军突围成功，歼灭了 5 万余敌军。

　　10 月，中共中央、毛泽东决定中共代表团撤回延安。周恩来在上海中共代表团办事处，请郭沫若、许广平、马叙伦、马寅初开座谈会。周恩来对他们说，蒋介石已经完全撕毁了和谈的假面具，大打起来了。在我党中央和

1946 年 6 月 26 日，国民党军进攻中原解放区，发动全面内战。中原解放军主力由司令员李先念、政治委员郑位三率领，分两路突围。图为毛泽东（前排左 5）同突围至延安的 359 旅干部王震（前排左 6）等合影。

毛泽东领导下，我们一定能够以自卫战争，粉碎蒋介石的进攻。

中美商约签订

条约签定后，宋子文（左）与美国驻华大使司徒雷登（右）举杯表示庆祝。

1946 年 11 月 4 日，国民党政府在南京与美国秘密签订中国近代史上最后一个不平等条约。——《中美友好通商航海条约》，简称《中美商约》，用于代替 1844 年以来中美签订的《望厦条约》等九个不平等条约。内含 30 条及一项议定书，于 1948 年 11 月 30 日在南京交换批准书生效。定期 5 年，期满前一年如一方不提出废止，期满后继续有效。主要内容有：①两国国民均可在对方全境经营工商、金融、科技、宗教及慈善事业，购建房屋，租土地，雇职工，并享国民待遇和最惠国待遇。②两国国民、法人、团体在对方均可取得或处理动产和不动产的权利，互给最惠国待遇。③两国输出入商品的关税、内地税和他们在对方设厂制造的商品的纳税，互给国民待遇和最惠国待遇。④两国一切船舶，均可进入对方开放的口岸、地方及领水，沿途起卸货物时交纳吨税或港税与对方船舶相同；船舶及载货待遇按最惠国办理。⑤两国一方如将采矿权、内河航行权或沿海

抗战胜利后美国援助国民党的各种军事装备。

贸易权给予他国，对方按最惠国待遇享受。该条约与中国近现代史上其他不平等条约的不同之处在于：过去外国列强强迫中国签订的一系列不平等条约在有关通商口岸、外人居留地、设厂权等方面尚有一定的范围或限制，而《中美商约》则把中国全境各方面无限制地向美国开放，它表面上规定双方对等，但由于中美两国各方面的巨大差距，美国可以在中国为所欲为，而中国在美国却享受不到任何对等待遇，也享受不到美国给予第三国的优惠。

美军强奸女学生震动全国

1946 年 12 月 25 日，北平亚光通讯社最先发表了某大学女生被美兵强奸的消息："本市讯：某大学某姓女生，年十九岁。昨晚九时，赴平安戏院看最后一场《民族至上》影片，散场时，忽见身后有美兵二人尾随，行至东单操场，即对该女施以非礼，该女一人难敌四手，大呼救命，适有某行路人闻之，急至内七分区一段报告，由警士闻德俊电知中美警察宪兵联络处，派员赴肇事地点查看，美军已逃去其一，当即将另一美兵带走，某女生被奸后，送往警察医院检验后，转送警局办理。"

12 月 27 日，北大女生在灰楼召开女同学全体会议，群情激怒，当场决议要求严惩凶手，美军当局正式道歉，驻华美军迅速撤出中国。

12 月 28 日的北平市各报，发表了北平行辕负责人的谈话："此案系一纯法律问题，酒后失检，各国均所难免，惟望市民幸勿感情用事，致别生枝节，则宜注意

闻一多 (1899～1946)，湖北浠水人、诗人。早年留学美国。历任武汉大学、青岛大学文学院长及清华大学、西南联合大学教授。抗战胜利后，任昆明《民主周刊》社社长，反对内战，要求民主。1946 年 7 月 15 日在参加李公朴追悼会回家途中，被国民党特务杀害。

李公朴（1902～1946），江苏常州人。"九一八"事变后，积极从事抗日救亡运动。1936年被推为全国各界救国会执行委员，同年11月被国民党政府逮捕。抗战胜利后，积极从事争取和平民主的斗争。1946年7月11日，在昆明被国民党特务暗杀。

上海工人举行反美示威游行。

也。"《经世日报》刊载了北大陈雪屏训导长的谈话："该女生亦有不是处，为什么女人晚上要上大街，而且还是一个人？"胡适校长回北平发表谈话谓："此事纯系一法律问题，惟余以为对美军抗议以罢课游行为手段，似属不智。"

12月28日，北大学生决议罢课示威。12月29日，北平市政府照会美军抗议。12月30日大游行，北大女同学几乎全部加入。当队伍到了城墙边，警察们早已荷枪实弹，上刺刀戒备。至12月底，北大、清华、北平妇联及上海文化名人皆以各种形式抗议美军暴行，北大四教授、学生致书司徒雷登、马歇尔。

至次年1月，抗议美军暴行运动席卷全国，北平、天津、上海、南京、开封、重庆、昆明、武汉、广州、杭州、苏州、台北等地55万学生相继举行抗议、罢课和示威游行，并迅速得到工人、教员和其他各界人民群众的支持。1日，上海交通大学等20多个学校的学生4万余人，举行游行示威，抗议美军暴行，要求美军撤出中国，并组成"上海学生抗议驻华美军暴行联合会"。杭州大中学校学生2500余人，以及天津南开大学、北洋大学等30余所大中学校学生万余人亦示威游行。2日，南京中央大学、金陵大学等6所大学5000余人，举行示威。4日，广州中山大学等校学生举行抗暴集会活动，开封河南大学等大中学校学生2万余人举行示威。5日，重庆63所学校15000余人，武汉大中学校5000余人举行抗暴游行，要求立即撤退驻华美军。

共产党抗日救国

6日，昆明3000余名学生举行罢课，抗议美军暴行。9日，台湾大学、延平大学学生与店员、工人万余人举行抗暴游行。10日，哈尔滨、齐齐哈市各界联合会举行声援大会……

1946年12月24日，北平发生美国士兵强奸北京大学女学生的暴行，国民党统治区各大城市的学生相继罢课，举行抗议美军暴行的游行活动。图为北平学生的抗暴游行。

上海学生举行抗暴游行。

反饥饿、反内战运动遍及全国

1947年5月20日，南京发生军警殴打学生事件。是日，南京、上海、苏州、杭州地区16所大专院校学生600人在南京组成请愿团，提出挽救教育危机五项要求，举行示威游行。游行队伍向正在举行"国民参政会"的"国民大学堂"进发时，遭到国民党军警镇压。被木棍、铁棍、皮鞭打伤的学生有100多人，重伤19人，20多人被捕。

同日，天津南开大学、北洋大学等院校的学生举行反饥饿反内战大游行，在示威中受重伤7人，轻伤46人；北平示威游行学生决议北京大学红楼广场为"民主

1947年5月20日，南京、上海、杭州等地学生在南京联合示威游行，反饥饿、反内战、反迫害，遭到军警殴打，受伤500余人；同日，天津军警殴打并逮捕学生，造成"五二〇"血案。图为军警殴打学生。

北平学生"反饥饿，反内战大游行"队伍通过天安门广场。

广场"。此前于本月4日，上海各校学生与市民举行反内战、反饥饿示威大游行，遭国民党政府军警镇压。同一天，南京中央大学教授会发表宣言，提出调增教育经费及薪金。13日，学生罢课支持教授会，并要求提高学生伙食费标准。北平、天津、济南等城市师生相继举行罢课、罢教，要求增加公费、革新校政和调整教师待遇。18日，国民党政府颁布《维持社会秩序临时办法》，严禁10人以上的请愿、罢课和示威。这次反内战、反饥饿、反暴行的学生运动遍及18个大中城市。

22日，九三学社联合北京大学教授王铁崖、沈从文、周作人、俞平伯等31人发表宣言，说这几天学潮蔓延全国各地，而政府当局业已决定断然处置办法，使我们深深忧虑此后的发展将更险恶，以至无法收拾。

华东解放军接连大捷

1947年1月20日，华东解放军攻克枣庄。

去年12月，宿北战役后，由山东峄县向临沂进攻的国民党整编第二十六师及第一快速纵队慑于被歼的危险，被迫在白城、卞亢、长城一线转入防御。解放军山东、华东野战军为巩固鲁南解放区，遵照中央的指示，于本月2日和4日，在峄县以东白城、卞庄地区歼灭整编第二十六师和第一快速纵队。11日攻克峄县，20日解放枣庄。这次战役共歼灭蒋军53000人。俘整编第二十六师中将师

1947年9月下旬，陈毅、粟裕指挥华东野战军外线兵团挺进豫皖苏。图为到达豫皖苏平原的骑兵部队。

长马励武、第五十一师中将师长周毓英，缴获坦克24辆，榴弹炮、野炮、山炮89门，汽车494辆。鲁南战役首创华东战场一次歼国民党军两个整编师的纪录，使人民解放军获得了对蒋军机械化部队作战的经验。

2月23日，华东野战军在莱芜地区歼灭蒋军李仙洲部7个旅。1月底，国民党调53个旅31万兵力由南北两线进攻山东解放区，企图南北夹击。华东野战军以2个纵队在临沂附近阻击南线蒋军，造成主力与之决战假象；同时以主力7个纵队迅速隐蔽北进。2月20日至23日，华东野战军主力将北线南下之蒋军全部围歼于莱芜地区，歼其7个旅6万余人，生俘国民党第二绥靖区副司令李仙洲，收复城市13座，使山东解放区的渤海、鲁中、胶东3区连成一片。5月16日，国民党王牌军五大主力之一的整编第七十四师被华东野战军全歼，师长张灵甫被击毙。9月9日，华东野战军在沙土集战役中获胜，歼灭国民党军整编第五十七师9500余人。

7日，华东野战军根据陈毅、粟裕的部署，第三、第六、第八纵队在野战军参谋长陈士榘、政治部主任唐亮指挥下，在山东巨野以西、菏泽以东之沙土集地区，对由鲁中回援鲁西南的国民党军整编第五十七师实行南北夹击，经两日激战，全歼该师师部及所属两个旅，俘中将师长段霖茂、少将师政治部主任李悌青、少将旅长罗觉元、少将副旅长王理直等。此战迫

1947年9月9日，华东野战军外线兵团在山东菏泽沙土集歼灭国民党军9000余人。图为沙土集战役中解放军的机枪阵地。

1947年5月，华东人民解放军在孟良崮战役中，全歼国民党军五大主力之一的整编74师等部3.2万人，国民党军对山东解放区的重点进攻彻底失败。图为解放军部队向孟良崮挺进。

1947年10月，中共中央公布《中国土地法大纲》，解放区农村开展起土地改革运动。土改工作人员把《中国土地法大纲》抄写在墙壁上，向农民广泛宣传。

使国民党军从山东及大别山区抽调 4 个整编师来援，减轻了国民党对山东和大别山的压力。

11 月 17 日，历时两个月的陈、粟野战军挺进豫皖苏计划实施成功，此举进一步扩大了豫皖苏解放区。陈、粟野战军集中主力 7 个纵队分成 3 个集团，共破坏铁路 150 余公里，歼国民党军 1 万余人，攻克萧县、砀山等 9 座县城，进逼徐州；至此，刘邓、陈粟、陈谢三路野战军以"品"字形阵势展开于中原地区，把战线由黄河南北推移到了长江北岸。12 月 13 日，华东野战军攻克莱阳。至此，经过 4 个月的战斗，华东野战军在山东共歼灭国民党军 6.3 万人，攻克掖县、胶县、诸城等 10 余座县城，国民党军在山东的重点进攻失败。

毛泽东转战陕北

1947 年 8 月，毛泽东在陕北佳县朱官寨。

1947 年 3 月 13 日，胡宗南指挥 14 个旅 23 万人在空军配合下，从洛川、宜川分两路直取延安。彭德怀指挥西北野战军 1 个旅另 1 个团共 26000 人驻于延安以南地区。双方在运动中激战 6 天，胡宗南部被歼 5000 余人。18 日晚，毛泽东、周恩来、任弼时等撤离延安。毛泽东在临行前说，打仗不在一城一地得失，而在于消灭敌人有生力量，有人失地，地终可得，有地失人，必将人地皆失；少则 1 年，多则 2 年，延安仍要回到人民手中。

19 日，西北野战军在掩护中共中央机关疏散后撤离延安，延安保卫战结束，国民党胡宗南部占领延安。

3 月 26 日，中共中央在陕西清涧县枣林沟举行会议。会议决定中共中央和解放军总部仍留在陕北。决定由毛泽东、周恩来等组成前敌委员会，继续留在陕北，指挥全国和西北战场的解放战争。

此后，毛泽东在陕北转战，在国民党军的追击中生存。

撤离延安后的毛泽东在转战陕北的途中。

自撤离延安后，人民解放军西北野战兵团在青化砭、羊马河、蟠龙镇三战三捷，歼敌2万余人。图为西北人民解放军司令员兼政委彭德怀(左2)，副政委习仲勋(左3)在青化砭前线。

在转战陕北的途中，毛泽东与农民在一起吃饭。

1947年7月22日，美国总统特使魏德迈抵达南京，决定增加对国民党政府的援助。图为蒋介石会见魏德迈。

周恩来在转战陕北的途中批阅文件

1947年8月7日，进攻陕甘宁解放区的国民党军队占领延安，蒋介石抵达延安查看。

刘邓挺进大别山

刘伯承登上大别山三角峰

1947 年 6 月 30 日，刘、邓大军突破黄河防线，挺进大别山。

当日夜间，刘伯承、邓小平率晋冀鲁豫野战军第一、第二、第三、第六纵队共 13 个旅 12 万余人，在冀鲁豫军区独立第一、第二旅的接应下，从山东阳谷以东之张秋镇至菏泽以北之临濮集之间 150 余公里的 8 个地段上，突破了国民党军的黄河防线，进入鲁西南。

中共中央军委此前曾做出部署：刘伯承、邓小平率晋冀鲁豫野战军主力中央突破，南渡黄河，直趋大别山；陈赓、谢富治率晋冀鲁豫野战军一部自晋南渡黄河，进入豫西；陈毅、粟裕率华东野战军从鲁西南转战豫皖苏。三军配合作战。

7 月 29 日，持续近一个月的鲁西南战役结束，晋冀鲁豫野战军以 15 个旅兵力歼国民党军 4 个师部 9 个半旅约 6 万人，中共中央今天通令嘉奖。

7 月 1 日，晋冀鲁豫野战军强渡黄河后，蒋介石派军逼迫刘、邓野战军于郓城、菏泽地区作战。刘伯承、邓小平采取的策略是"攻其一点，吸其来援，啃其一边，

1947 年 8 月 27 日，刘邓野战军进入大别山。

共产党抗日救国

各个击破"。8日，晋冀鲁豫野战军攻克郓城，歼国民党军整编第五十五师师部及两个旅，10日于定陶歼第一五三旅；14日至15日在巨野、金乡间歼整编第三十二师及整编第七十师，22日歼第一九九旅，27日至28日全歼整编第六十师，俘中将师长宋瑞珂等。此役为人民解放军战略进攻的开端。

至9月底，刘、邓野战军进入大别山后，又攻克县城23个，并在17个县建立了政权。

1948年9月16日至24日，人民解放军进行济南战役，歼灭国民党军10万人，占领济南。图为解放军的炮兵阵地。

9月上旬，刘、邓野战军进入大别山，在后面追赶的国民党军20余个旅也先后越过淮河。刘伯承、邓小平采取了避强击弱的策略，集中一部兵力在商城、光山地区连打三仗，歼灭国民党整编第五十八师6000余人，将国民党军大部机动兵力吸引到大别山麓，配合了其他野战军进入豫皖鄂。

12月，国民党军调集33个旅的兵力，由国防部长白崇禧在九江指挥所统一指挥，采取军事进攻和政治诱降相结合、围攻和清剿相结合的办法，对大别山地区展开围攻。

中共中央军委决定刘邓野战军以主力坚持大别山内线；陈粟、陈谢两军向平汉、陇海路展开破击战，调动围攻大别山的国民党军，"直至粉碎敌人对大别山之进攻为止"。刘邓决定由刘伯承率一部兵力向平汉路以西的桐柏和江汉地区实施展开，创建新根据地；由邓小平率领主力坚持大别山区。采取的方针是"敌向内

济南战役中，解放军士兵在火力掩护下向济南守敌冲锋。

129

1947年6月30日，刘伯承（前）、邓小平（右2）率领晋冀鲁豫野战军主力13万人向大别山挺进，人民解放军由战略防御转入战略进攻。

我向外，敌向外，我亦向外"。3日，国民党军占领立煌、罗田、英山等地，并继续向中心区压缩，刘邓野战军第六纵队乘虚奔袭宋埠之国民党军一部。8日至15日，第二、第三、第六纵队分别跳出合击圈，并以旅、团为单位采取"小部队牵制大敌，以大部队消灭小敌"的战法。同时，刘邓野战军另3个纵队于上中旬进入桐柏、江汉和淮西地区。陈粟、陈谢两军于13日发起平汉、陇海路破击战，至22日，共破路400余公里，歼敌2万余人，攻克许昌、西平等县城23座。国民党军为重新控制平汉路，以孙元良兵团主力由郑州南下，与原在豫西的第五兵团部北上，夹击解放军。陈粟、陈谢两军于25日至27日晨，在西平地区歼灭第三师，并于29日围攻确山，重创由大别山回援的整编第二十师，迫使国民党军再次从大别山抽调近3个整编师的兵力增援平汉路。1948年1月3日，陈粟、陈谢两军撤围确山。此战役共歼国民党军69000余人。

法币崩溃·通货大膨胀

国民党法币制度开始于1935年，1939年以前，通货膨胀速度较为缓慢。1940年起进入恶性通货膨胀阶段，物价上升指数超过通货增发指数。1947年开始，法币进入崩溃阶段。原因是1946年6月，国民党政府发动全面内战，军费支出庞大，黄金外汇大量消耗，不得不超限度地发行法币，使法币发行如脱缰野马，通货膨胀达到历史最高点。到1948年8月18日，法币发行额累计达663694.6亿元，发行指数470705.39，而同期上海物价指数

1948 年 11 月 10 日，国民党政府取消限价法令，宣布金圆券大幅贬值，国统区出现挤兑金银、外汇的狂潮。图为上海中央银行柜台前挤兑情景。

5714270.30。法币由此陷于崩溃，国民党政府被迫改发金圆券，以每300 万元法币兑换金圆券 1 元。但金圆券亦因国民党内战的节节败退，民众争相挤兑黄金，而告崩溃。

国民党违反经济规律，滥发纸币，造成长达 12 年的通货膨胀，是对工人、农民、知识分子的残酷掠夺。由于严重的通货膨胀，物价飞涨，工人、职员和知识分子的实际收入大大减少，生活日益贫困，激起人民群众的强烈愤慨与反抗，加速了国民党统治的灭亡。

1948 年上海市挤兑黄金的情形。

内战中流离失所的东北难民集中还乡。

李四光创立地质力学

本世纪 40 年代末，李四光创立了地质力学这一有世界影响的独立学派，这是李四光在地质学理论上最重要的贡献之一。

李四光（1889～1971），原名李仲揆，湖北黄岗人。中国著名地质学家和地质教育家。中国地质事业的奠基人之一和主要领导人。曾先后留学日本和英国。李四光早期研究蜓科化石，他于 1923 年提出的十则鉴定标准，迄今仍为中外蜓类学者所采用。他是中国第四纪冰川的发现者和研究的奠基人。

131

李四光的科学论著很多，有《中国地质学》《冰期之庐山》等。

李四光将力学理论引入地质学的研究之中。早在 1926 年，他发表的《地球表面形象变迁的主因》便是关于全球构造及其综合解释的尝试。他肯定了魏格纳的大陆漂移说，提出地壳运动以水平运动为主的观点，根据大陆表层地质构造的现象指出地壳运动具有经向和纬向的方向，而地壳的水平运动则是地球自转速度变化的结果，并提出"大陆本阀"自动控制地球自转速度变化的假说。1929 年又发表了《东亚一些典型构造型式及其对大陆运动的意义》。40 年代，他正式提出"地质力学"一词，并于 1947 年出版了《地质力学之基础与方法》。他用力学的观点研究地壳构造和地壳运动规律，进而研究地壳各部分所含矿产的分布规律，以及地壳的稳定程度。认为地球表层各种构造形迹都是地壳运动的产物，导致地壳运动的力是地应力；按照构造形迹的力学特征和组合型式，可以追索地应力的作用方向和方式，从而获知地壳运动的方向和起源。这样，表面上孤立而凌乱的构造形迹便被力的作用这一纽带联系起来成为一个整体，从而建立了"构造体系"这一地质力学的基本概念，并进而建立了构造序次、构造复合和联合等一系列重要概念，为构造地质学研究开辟了新途径。1962 年李四光著成《地质力学概论》（1973 年正式出版），这是这一理论体系进一步成熟的重要标志。

《一江春水向东流》深受好评

1947 年，联华影艺社、昆仑影业公司联合摄制了电影《一江春水向东流》，公映后，在观众之间产生了强烈影响，在上海连映 3 个月，观众高达 70 多万人次，创造了解放前国产影片的最高卖座纪录。

抗日战争胜利后的初期，人民群众立即陷入了国民党反动统治的欺压迫害和横征暴敛之中，人民生活苦不堪言。蔡楚生、郑君里等几位电影界的有识之士们创作出了《一江春水向东流》这一部现实主义的悲剧作品。

《一江春水向东流》所讲述的是一件发生在抗日战争时期前后的上海的故事：抗战爆发之前，夜校老师张忠良和女工素芬夫妻俩极力支援东北抗日义勇军的英勇作为。抗战爆发后，素芬及孩子回到乡下老家，忠良则因工作

所需进入抗日的大后方重庆，初到重庆时，忠良尚能洁身自爱，但在交际花王丽珍的影响下，很快就堕落腐化了。八年抗战终于胜利，历经苦难的素芬终于见到了日夜思念的丈夫，却意外地发现眼前站着的已不是八年前那个纯朴的忠良了，顿时万念俱灰，投江自尽。

《一江春水向东流》(1947，蔡楚生、郑君里导演)

影片在人物的塑造方面具有很大的成功性，如通过张忠良来代表在恶劣环境下腐化变质的那一批社会渣滓，而素芬则代表着不畏艰辛，战胜困苦的劳动人民群众形象，整部影片强烈反映了沦陷区人民的愿望，揭露了国民党统治当局的黑暗统治。剧中演员有白杨、陶金、舒绣文、周伯勋、上官云珠、吴茵等，摄影是朱今明。

钱钟书出版《谈艺录》

1948 年，钱钟书的文论及诗文评《谈艺录》，由开明书店出版。

钱钟书（1910 ~ 1998），现代作家、文学研究家，著名学者。字默存，号槐聚。江苏无锡人，出身书香之家，自幼受传统经史方面的教育，1933 年毕业于清华外国语文系，同年考取英国留学名额，赴牛津和法国巴黎大学深造，1938 年回国，曾任西南联大外文系教授、上海暨南大学外语系教授、清华大学外文系教授，1953 年起任中国社科院研究员。1982 年起任社科院副院长。著有《管锥篇》《写在人生边上》《围城》《人·兽·鬼》等作品。

钱钟书专攻中国和西方一些主要国家的新旧文学、侧重诗歌、小说和文评，对哲学和文化人类学兴趣浓厚。多方运用比较文学、心理学等方法来理解文学作品。《谈艺录》是中国最早的中西比较诗论。钱钟书在沟通中西、广征博引的基础上，对中西诗论中貌异实同的诗论进行了精微的辨析、比较和阐发。

钱钟书像

在《谈艺录》中，钱钟书提出的许多问题，在我国都是首创，如在西方文学理论上，俄国形式主义文学理论家许克洛夫斯基、丹麦哲学家克尔恺郭尔、法国大诗人互勒利等的理论，首次被运用到中国古文论的研究，有关佛学对中国诗文论的广泛影响的研究，《谈艺录》也是首创。《谈艺录》还最早提出对克罗齐直觉说的批评。这些对当时影响极大，后来作者感到此书有许多不足，于是在1984年中华书局再版时，把原书作为上篇，将近年补订的与原书规模相当的部分作为下篇，其内容除对中国古文论中的精华进行辨析和阐发，还对西方文论，尤其是西方当代兴起的新学科、新理论也都有进一步的丰富精审的辨析和比较，从而进一步完善了他的中西比较诗论。

三联书店合并

1948年10月，生活书店、读书出版社、新知书店在香港正式合并成立生活·读书·新知三联书店，简称三联书店。

生活书店于1932年7月成立于上海，前身是邹韬奋主编的《生活》周刊。该书店以出版政治性鲜明的社会科学著作而闻名，到抗战爆发前夕，已出版了近400种马列经典译著，如《反杜林论》《新经济学大纲》等。抗战初期，总店迁往武汉、重庆并隶属中国共产党的领导，继续出版更多的马列译著如《共产党宣言》《国家与革命》等，1945年抗战胜利，总店迁回上海，1947年又迁往香港。

读书出版社于1936年成立于上海，前身是李公朴主编的《读书生活》半月刊。该社出版的第一本书是艾思奇的《大众哲学》，到抗战前夕，已出版

了《读书》等6种期刊及40多种图书。抗战爆发，总社迁往武汉、重庆，并于1938年出版了马克思的三大卷《资本论》等一系列马列经典著作，从此载誉出版界。1945年总社迁回上海，1947年底迁往香港。

新知书店于1935年秋成立于上海，前身是钱俊瑞等主编的《中国农村》月刊，到抗战前夕，已出版20多种社科著作如《大众政治经济学》等，抗战爆发后，总店迁往武汉、桂林、重庆，并以"中国书店"的名义出版《国家与革命》《论反对派》等马列经典著作，1945年抗战胜利，总店迁回上海，1947年底又迁往香港。

三联书店成立后，一直以鲜明的政治方向和竭诚为读者服务为其经营宗旨，以中等以上文化水平的读者为服务对象，主要出版人文社科方面的优秀著作，如巴金的《随想录》、冯友兰的《三松堂自序》等，该店出版的期刊《读书》已是知识界人士的一个学术阵地。1949年5月，三联书店总店迁往北京。1986年，在上海成立上海三联书店，1988年，香港三联书店改名为"三联书店（香港）有限公司"。

邹韬奋 (1895～1944)，江西余江人。参加抗日救亡运动，先后创办《大众生活》、《生活日报》，主张停止内战，团结御侮，并担任全国各界救国联合会执行委员。1936年与沈钧儒等被国民党当局逮捕。抗战开始后获释。先后在上海、汉口、重庆主编《抗战》、《全民抗战》。1944年7月24日病逝于上海。中共中央根据他生前的申请，追认他为中共党员。

抗战时期的各种报刊、杂志

辽沈战役胜利结束·解放军歼灭国民党军 47万余人

1948年9月12日，"辽沈战役"打响。

战役前，国民党军卫立煌集团共55万人分别猥集在长春、沈阳和锦州3个孤立地区。中共中央和毛泽东从整个战局出发，认为同国民党军进行战略决战的时机已经成熟，决定把战略决战首先放在东北战场，并制定了攻克锦州，把国民党军封闭在东北，各个歼灭的作战方针。东北野战军集中12个纵队和1个炮兵纵队，连同各独立师共70余万人，今日开始行动，向北宁线出击，进攻锦州外围据点。9月30日，蒋介石由南京飞赴北平，亲自指挥东北作战。10月2日，蒋介石飞抵沈阳，召开军事会议，亲自部署援锦军事。

10月10日，毛泽东致电林彪："你们应尽可能迅速地攻克锦州。只要攻克了锦州，你们就有了主动权。"东北野战军按照军委的电示，对国民党援

军进行阻击，集中主力 16 个师，在炮兵火力支援下，于 14 日开始向锦州城发起总攻，经过 31 个小时激战，于 15 日傍晚攻克锦州，全歼国民党守军 10 万余人，俘东北"剿总"中将副总司令范汉杰、第六兵团中将司令卢浚泉等，完全封闭了东北国民党军从陆上撤向关内的大门。

10 月 10 日，东北野战军为全歼锦州守敌，在锦西蒋军援军北进的唯一通道塔山展开了阻击战。到 15 日中午 12 时，蒋军败退，战役结束。

10 月 17 日，驻守长春的国民党第六十军在军长曾泽生等率领下举行起义。17 日午夜，解放军接防部队进城，六十军同时撤出城外，开往九台休整。郑洞国被迫率新七军投降。

10 月 20 日，辽沈战役第二阶段辽西会

1948 年 10 月 19 日，国民党"东北剿匪总司令部"副总司令兼第 1 兵团司令官郑洞国在长春率部放下武器。图为郑洞国（中）抵达哈尔滨。

1942 年 9 月 12 日，解放军东北野战军发起辽沈战役。图为东北野战军首长林彪（中）、罗荣桓（右）、刘亚楼（左）在作战前线。

战开始。东北解放军攻克锦州后，决定采取诱敌深入，打大歼灭战的方针，集中主力在沈阳至锦州间歼灭"西进兵团"。

蒋介石第三次飞到沈阳，确定"东进兵团"和"西进兵团"继续向锦州夹击。企图重夺锦州，并令第五十二军主力夺取营口，以便把东北的部队经内陆或海上撤至关内。23 日，"西进兵团"到达黑山、大虎山附近地区时，遇到阻击。坚守黑山的第十纵队

137

1948 年 10 月 14 日，人民解放军东北野战军对锦州发动总攻。

攻克锦州，解放长春后，东北野战军在黑山、大虎山地区围歼由沈阳西援锦州的国民党军廖耀湘兵团。

抗击了"西进兵团"3 昼夜的连续猛攻，为解放军主力从锦州东进争取了时间。廖耀湘兵团被包围于黑山地区。廖兵团为突破包围，向阻击的解放军发起猛攻。26 日，解放军 6 个纵队 20 万人完成了对"西进兵团"的合围，当晚发起攻击，进行分割围歼，激战至 28 日晨，全歼国民党军第九兵团及 5 个军部、12 个师共 10 万余人，俘东北"剿总"中将副总司令兼第九兵团司令廖耀湘等多名高级将领。11 月 1 日，攻城部队向沈阳市区发起总攻，2 日占领沈阳全城，歼国民党军 13 万人，俘国防部派驻东北"剿总"中将部员黄师岳、第五十三军副军长赵振藩等 27 名将级军官。投城者有第八兵团中将司令周福成，东北"剿总"中将副参谋长袁克征等 66 名高级将领。自此东北全境解放。

11 月 2 日，解放军一部向营口市发起攻击，激战 3 小时，攻克营口，歼国民党守军 1.4 万余人。辽沈战役全部结束，东北解放军以伤亡 6.9 万余人的代价，歼灭东北国民党军 47 万余人。

1948 年 10 月 17 日，困守长春的国民党第 60 军军长曾泽生率部倒戈。人民解放军长春前线司令员肖劲光（中）、政治委员肖华（左）接见曾泽生（右）。

辽沈战役历时 52 天，国民党军损失 4 个兵团部、11 个军部、36 个师及地方保安部队等共 47 万余人。图为沈阳市民欢庆东北全境解放。

1948 年 11 月 20 日，人民解放军占领沈阳。解放军士兵攻入"东北剿匪总司令部"大楼。

在辽沈战役中，东北野战军伏冰卧雪，在沈阳外围公主屯阻击国民党援军。

139

1948 年，蒋介石亲赴沈阳督战。

淮海战役胜利结束·解放军歼灭国民党军 55 万余人

淮海战役中的俘虏成群地被押出战场。

1948 年 11 月 6 日，解放军华东、中原野战军协同发起淮海战役。

辽沈战役后，国民党统帅部为避免徐州之部队重蹈卫立煌集团全军被歼的覆辙，决定将刘峙集团主力收缩到津浦路徐州至蚌埠段两侧，采取攻势防御阻止解放军南下，必要时放

弃徐州，凭借淮河抗击，确保南京、上海。以徐州为中心的国民党部队有5个兵团，共约80万兵力。解放军参战的有华东、中原野战军16个纵队及地方武装共60余万。由刘伯承、陈毅、邓小平、粟裕、谭震林组成总前委，邓小平任总前委书记，统一领导。

11月8日，国民党第五十九军、七十七军，在第三绥靖区副司令何基沣、张克侠率领下，在淮海前线驻地台儿庄地区举行起义。

11月22日，蒋军第七兵团司令黄伯韬，在淮海战役碾庄战斗中被解放军击毙。所部被解放军包围于碾庄地区，全军覆没。

11月29日，正当双堆集地区的战事紧张进行之际，国民党第八十五军一一〇

1948年11月6日至1949年1月10日，中原和华东人民解放军在东起海州，西至商丘，北起临城，南达淮海的辽阔地区进行了淮海战役，歼灭国民党军55万人。图为中共淮海战役总前委领导成员合影。左起：粟裕、邓小平、刘伯承、陈毅、谭震林。

1948年11月6日，解放军在徐州碾庄地区围歼国民党军黄百韬兵团的战斗打响。图为解放军华东野战军士兵在攻破碾庄外壕。

1948年11月8日，国民党第3"绥靖"区副司令员、中共地下党员何基沣、张克侠率部2.3万人在贾汪、台儿庄地区倒戈。图为饶漱石（右）会见何基沣（中）和张克侠（左）。

141

师 5000 余人，在师长廖运周率领下，举行战场起义。这一行动打乱了黄维兵团的突围计划，使其全部被歼。

1949 年 1 月 10 日，淮海战役胜利结束。

从上月 18 日开始，淮海战役进入第三阶段，华东野战军在中原野战军的配合下，对河南永城青龙集、陈官庄地区被围的国民党军杜聿明集团发起总攻。经过 4 昼夜的激战，全歼国民党军徐州"剿总"指挥部、邱清泉第二兵团兵团部及所辖第五军、第七十军、第七十四军、第十二军、李弥第十三兵团兵团部及所辖第八军等部，击毙第二兵团司令官邱清泉、第七十军军长高吉人等，俘虏徐州"剿总"副总司令杜聿明、第八军少将军长周开成等高级军官 52 名。

淮海战役历时 65 天，人民解放军以 13 万人的伤亡代价，全歼国民党军一个"剿总"司令部、5 个兵团部、22 个军、56 个师（内有 4 个半师起义），总共 555000 余人。至此，蒋介石在华东、中原战场上的主要力量和精锐师团已丧失殆尽，南京、上海及武汉重镇，已处于人民解放军的直接威胁之下。

农妇们为解放军赶做军鞋

老百姓热情照料转运到后方的解放军伤员。

1948年11月22日，碾庄地区的战斗结束，人民解放军全歼国民党军黄百韬兵团17万余人。图为黄百韬战死后，遗留的照片和胸章。

被俘虏的徐州"剿总"副司令杜聿明。

淮海战役中一突击队战士准备去完成战斗任务。

1948年11月30日，徐州国民党守军弃城南逃，后被歼。图为南逃时的混乱情景。

民工小车队把军需物资源源不断地送往前线。

143

12月1日人民解放军进入徐州市

12月6日，解放军向黄维兵团发起总攻。图为被摧毁的黄维兵团汽车防线。

平津战役胜利结束前·北平和平解放

集结在天津市外围的人民解放军炮群

1948年11月中旬，中共中央军委为防止蒋介石将平、津地区之嫡系军队南撤，加强其长江防线，进一步明确提出了抑留并歼灭傅作义集团于华北地区的作战方针，并决定提前发起平津战役。

为此，令东北野战军立即结束休整，夜行晓宿，隐蔽入关；首先隔断平、津和津、塘间国民党军的联系；将其分割包围，然后各个歼灭。

东北野战军主力在22日开始南下入关。主力部队包括12个纵队和全部特种兵约80余万人。各纵队分3路从喜峰口、冷口等处进军关内。林彪、罗荣桓等也于30日，率指挥机关从沈阳出发追赶部队。东北野战军越过长城，进入关内以后，被傅作义部发觉；为了争取时间，各纵队全部改为白天行军，取捷径进山海关。傅作义部没有料到解放军入关这样迅速，慌作一团。

12月11日，毛泽东给林彪、罗荣桓等发出《关于平津战役的作战方针》。毛泽东明确指示，从本日起的两星期内基本原则是围而不打（如对张家口、新保安），有些则是隔而不围（即只作战略包围，隔断诸敌联系，而不作战役包围，如对平、津、通州），以待部署完成之后各个歼敌。

1948年12月22日，华北野战军在新保安全歼国民党军第35军。图为解放军士兵登上新保安城头。

20日，解放军发动天津战役。12月22日凌晨，解放军华北第二兵团向新保安发起总攻，平津战役第二阶段开始。解放军逐次歼火新保安、张家口、天津国民党军。经11小时激战，解放军全歼傅作义的精锐部队第三十五军军部及两个师。23日，华北第三兵团及东北第四纵队，对向北突围的张家口之第十一兵团共7个师(旅)展开堵击、追击，当晚收复张家口，战至次日将第十一兵团5.4万余人歼灭于张家口东北地区。而后，中共中央军委令东北野战军一部及华北野战军第二、第三兵团严密包围北平。

1949年1月15日，解放军攻占天津，全歼守敌13万，俘陈长捷等高级将领29人。

天津解放之后，解放军发动的平津战役进入第三阶段，人民解放军兵临北平城下。为了维护古都风貌，使人民免遭战火涂炭，平津前线司令部林彪司令员向北平守军最高长官华北"剿总"司令傅作义发出关于和平解放北平的公函。迫于形势，

爆破组向天津守敌城防工事冲击。

1948 年 11 月 29 日至 1949 年 1 月 31 日。人民解放军东北野战军和华北野战军发动平津战役。图为东北野战军和华北野战军负责人在平津前线司令部合影。前排左起：聂荣臻、罗荣桓、林彪；后排左起：黄克诚、谭政、肖华、刘亚楼、高岗。

1948 年 12 月 24 日，解放军占领张家口。

傅作义同意进行谈判。经过林彪的代表陶铸与傅作义的代表邓宝珊、周北峰等人商议，1 月 15 日，双方基本达成了协议。21 日，双方在《和平解放北平问题具体实施方案》上签字。22 日，傅作义率部按协议撤离市区。北平的和平解放，保护了历史文化名城，避免了人民生命财产的损失。

　　1 月 31 日，人民解放军和北平市人民政府工作人员入城接受防务和市政，北平宣告和平解放，平津战役就此结束。

人民解放军步兵在坦克掩护下向天津市区发起冲锋。

人民解放军炮兵在天津巷战中炮击顽固守敌。

人民解放军接防部队到达朝阳门，傅作义部队官兵列队迎接。

1949年1月31日，傅作义在北平率部25万人接受人民解放军和平改编，平津战役结束。北平国民党守军出城接受人民解放军改编。图为人民解放军举行入城仪式。

解放区民众组成的担架队整装待发，准备支援前线的解放军。

人民解放军全线渡江

　　1949年4月20日午夜，随着三颗红色信号弹划破夜空，人民解放军中、东、西三集团从西起湖口，东至江阴长达千里的长江北岸，以木帆船为主要航渡工具，排山倒海地强渡长江。江阴要塞7000余官兵在炮台总台长唐秉林、游击炮团团长王德熔、守备总队长李云蔡等率领下战场起义，控制了江阴炮台，封锁了江面，致使国民党海军无法进入这段江域。

　　4月23日，解放军先后攻占丹阳、常州、无锡等城，切断了宁沪铁路。国民党海军第二舰队司令员林遵率25艘舰艇在南京以东江面起义，另一部23艘舰艇在镇江江面向解放军投降。解放军东突击集团第八兵团第三十四军乘胜渡江，以猛烈攻势突入南京、镇江。

中突击集团一部占领芜湖，主力渡过青弋江，并在湾址地区歼国民党军第二十军大部和第九十九军一部。西突击集团乘胜攻占贵池、青阳等地，歼国民党第八兵团一部。中国人民解放军冲上南京总统府大厦，摘下了国民党党旗，换上了红色的解放军军旗，宣告蒋介石国民党22年的统治结束了。

5月12日，解放军发动以消灭汤恩伯主力、解放大上海为目的的"上海战役"。为了解放上海，解放军第三野战军分别从浦东、浦西迫近吴淞口，阻敌退路。解放军在作了充分准备之后，发动上海战役。至22日，解放军已扫清上海外围之敌，逼近市区，并完成对汤部的合围。解放军于23日晚发起总攻，部队迅速跃进，很快占领了市区及高桥、吴淞口。亲临督战的蒋介石见大势已去，遂命汤恩伯逐次掩护，从海上撤出。上船逃走的仅残兵败将5万余人。其余15万人全部被歼。5月27日，苏州河以北最后一股蒋军被消灭。上海战役宣告胜利结束。

1949年5月27日，人民解放军第3野战军占领上海。

人民解放军进入上海后，不扰市民，露宿街头。

人民解放军突破国民党军长江防线。

解放军渡江部队突击队冲上长江南岸。

占领国民党总统府的中国人民解放军。

人民解放军冲进南京总统府
时总统府办公室的日历。

1949 年 8 月 17 日，
人民解放军占领
福州。

1949 年 5 月 3 日，人民解放军第 3
野战军解放杭州。图为进城的解放
军部队。

1949 年 9 月 5 日，
人民解放军第 1 野
战军占领西宁，入
城部队受到西宁市
民夹道欢迎。

中国人民政治协商会议召开

　　1949 年 9 月 21 日至 30 日，中国人民政治协商会议第一届全体会议在北平中南海怀仁堂召开。

　　这是一次由中国共产党发起并领导的，有各民主党派、无党派民主人士和人民团体代表参加的，协商成立中华人民共和国有关事宜的会议。毛泽东主持会议并致开幕词，他说："占人类总数四分之一的中国人从此站立起来了，我们的民族将再也不是一个被人侮辱的民族了，我们已经站起来了。"会议

149

通过了《中国人民政治协商会议共同纲领》，指出中华人民共和国的性质是以工人阶级为领导的、工农联盟为基础的、团结各民主阶级和少数民族的人民民主专政国家，并为新中国的政权机关、军事制度、经济政策、文教政策、民族政策和外交政策制定了总原则。会议还通过了《中国人民政治协商会议组织法》《中华人民共和国中央人民政府组织法》，并作出以下决议：（1）中华人民共和国定都北平，即日起改名为北京；（2）中华人民共和国纪年采用公元纪年；（3）中华人民共和国国歌未确定前，以《义勇军进行曲》为代国歌；（4）国旗定为五星红旗。大会选举出以毛泽东为主席的由180人组成的第一届中国人民政治协商会议全国委员会；选举了由63人组成的中央人民政府委员会，毛泽东为中央人民政府主席，朱德、刘少奇、宋庆龄、李济深、张澜、高岗为副主席，周恩来、陈毅、董必武等56人为政府委员会委员。

9月30日，周恩来在全国政协第一届会议上提议将"为国牺牲的人民英雄纪念碑建立在天安门广场"。闭幕式后全体代表在北京天安门外举行人民英雄纪念碑奠基典礼。周恩来代表主席团致词说："我们中国人民政治协商会议第一届全体会议号召人民纪念死者，鼓舞生者，特决定在中华人民共和国首都建立一个为国牺牲的人民英雄纪念碑。"毛泽东主席宣读碑文后，亲手执锹铲土，以表崇敬先烈。

中国人民政治协商会议第一次全体会议在北平举行。

碑文系毛泽东撰写，周恩来手书。碑文为："三年以来，在人民解放战争和人民革命中牺牲的人民英雄们永垂不朽！三十年以来，在人民解放战争中和人民革命中牺牲的人民英雄们永垂不朽！由此上溯到一千八百四十年，从那时起，为了反对内外敌人，争取民族独立和人民自由幸福，在历次斗争中牺牲的人民英雄们永垂不朽！"

宋庆龄作为特邀代表在中国人民政治协商会议第一次全体会议开幕式上发言。

10月1日，在北京天安门广场举行开国大典，毛泽东向全世界宣告：中华人民共和

1949 年 9 月 30 日，中国人民政治协商会议第一次全
体会议选举毛泽东为中华人民共和国中央人民政府
主席，刘少奇、朱德、宋庆龄、李济深、张澜、高
岗为副主席。毛泽东、刘少奇、朱德、宋庆龄、李
济深、张澜、高岗在大会主席台上。

周恩来在中国人民政治协商会议第一
次全体会议开幕式上作"关于草拟人
民政协共同纲领的经过及特点"的
报告。

1949 年 9 月 17 日，新政治协商会议筹备
会第二次会议选举 21 人组成常务委员会，
并决定将"新政治协商会议"改称"中
国人民政治协商会议"。图为新选出的
常务委员会委员合影。左起：谭平山、
周恩来、章伯钧、黄炎培、林伯渠、朱德、
马寅初、蔡畅、毛泽东、张奚若、陈叔通、
沈钧儒、马叙伦、郭沫若、李济深、李立三、
蔡廷锴、陈嘉庚、乌兰夫、沈雁冰。

国成立。从此，半殖民地半封建的中华民国时代结束，开始社会主义中国的
新纪元。

1949年10月1日，中华人民共和国成立·开始社会主义中国的新纪元

1949年10月1日，中央人民政府主席毛泽东向全世界宣告中华人民共和国成立。从此，半殖民地半封建的中华民国时代结束，开始社会主义中国的新纪元。

1949年10月1日，中国人民解放军总司令朱德在开国大典上命令全军将士迅速肃清国民党残余武装，解放一切尚未解放的国土。右起：贺龙、刘伯承、陈毅、罗荣桓。

应邀参加开国大典的各国来宾在观礼台上。

北京市民在街头观看庆解放游行。

在开国大典上，人民解放军列队通过天安门广场接受检阅。

1949年10月1日，北京30万军民在天安门广场参加开国大典。